Z LÁSKY K HOUBĚ PORTOBELLO

Gurmánská dobrodružství s králem hub

Marta Jakešová

OBSAH _

ÚVOD

Vítejte v "Z Lásky K Houbě Portobello", váš pas do gurmánských dobrodružství s králem hub. Tato kuchařka je oslavou zemité, masité a všestranné houby Portobello, která vás provede kulinářskou cestou, která prozkoumá hlubiny jejích bohatých chutí a textur. Přidejte se k nám, když se vydáme na gurmánské dobrodružství, které pozvedá skromné Portobello do nových výšin.

Představte si stůl ozdobený pikantními steaky z Portobella, požitkářskými plněnými čepicemi a kreativními pokrmy inspirovanými houbami – to vše inspirované robustní a vydatnou povahou krále hub. " Z Lásky K Houbě Portobello " není jen sbírka receptů; je to óda na všestrannost, hloubku a kulinářský potenciál této oblíbené houby. Ať už jste oddaný houbařský nadšenec nebo jste prostě zvědaví na rozšíření svých kulinářských obzorů, tyto recepty jsou vytvořeny tak, aby vás inspirovaly k vytváření gurmánských požitků s houbou Portobello.

Od klasických grilovaných steaků z Portobello po inovativní předkrmy a vydatné hlavní pokrmy, každý recept je oslavou bohatého umami a masité textury, které Portobellos přináší na stůl. Ať už pořádáte hostinu založenou na rostlinách nebo chcete svým pokrmům přidat pikantní šmrnc, tato kuchařka je vaším oblíbeným zdrojem pro objevování gurmánské stránky krále hub.

Připojte se k nám, když budeme procházet kulinářskou krajinou houby Portobello, kde každý výtvor je svědectvím o robustní a všestranné povaze této královské rodiny hub. Takže si nasaďte zástěru, přijměte zemité chutě a vydejme se na delikátní cestu přes " Z Lásky K Houbě Portobello."

SNÍDANĚ

1.Portobello houbové poháry na vejce

SLOŽENÍ:

- 4 velké žampiony portobello
- 4 vejce
- 1 šálek špenátu, nakrájeného
- 1/2 šálku cherry rajčat, nakrájených na kostičky
- Sůl a pepř na dochucení
- Olivový olej na pokapání

INSTRUKCE:

a) Předehřejte troubu na 375 °F (190 °C).
b) Houby portobello zbavte stopek a položte je na plech.
c) Do každé houbové čepice rozklepněte jedno vejce.
d) Každé vejce posypeme nakrájeným špenátem a nakrájenými rajčaty.
e) Dochuťte solí a pepřem podle chuti.
f) Navrch pokapejte olivovým olejem.
g) Pečte v předehřáté troubě 15-20 minut nebo dokud nejsou vejce uvařená podle vaší chuti.

2.Omeleta z pufovaných hub

SLOŽENÍ:

- 20 g másla
- 1 polévková lžíce olivového oleje
- 2 velké žampiony portobello, nakrájené nadrobno
- 1 banánová šalotka, nakrájená na tenké plátky
- 3 vejce
- 100 ml přírodního jogurtu
- 1 polévková lžíce bazalky, nasekané
- 1 lžíce petrželky, nasekané
- ½ polévkové lžíce nasekané pažitky

INSTRUKCE:

a) Ve velké pánvi s víkem rozehřejte máslo a olej. Smažte houby, nemíchejte příliš často, aby získaly barvu.

b) Přidejte šalotku a vařte do měkka. Snižte teplotu na co nejmenší plamen.

c) Vejce a jogurt smíchejte dohromady, poté dochuťte špetkou mořské soli a pepře. Šlehejte elektrickým šlehačem (nebo energicky ručně) do velmi pěny.

d) Směs přendejte do pánve, přidejte bylinky a přikryjte.

e) Vařte do nafouknutí a úplného ztuhnutí.

3.Houby Cizrna Crêpe s

SLOŽENÍ:

CRÊPES:

- 140 g cizrnové mouky
- 30 g arašídové mouky
- 5 g nutričních kvasnic
- 5 g kari
- 350 ml vody
- Sůl, podle chuti

PLNICÍ:

- 10 ml olivového oleje
- 4 kloboučky hub Portobello, nakrájené na tenké plátky
- 1 cibule, nakrájená na tenké plátky
- 30 g baby špenátu
- Sůl a pepř na dochucení
- Veganská majonéza

INSTRUKCE:

PŘIPRAVTE CÊPES

a) Smíchejte cizrnovou mouku, arašídovou mouku, nutriční droždí, kari, vodu a sůl podle chuti v mixéru.

b) Rozpalte velkou nepřilnavou pánev na středně vysokou teplotu. Postříkejte pánev trochou oleje na vaření.

c) Nalijte ¼ šálku těsta do pánve a krouživým pohybem těsto rozprostřete po dně pánve.

d) Crêpe vařte 1 minutu z každé strany. Crêpe přendejte na talíř a udržujte v teple.

UDĚLEJTE NÁPLŇ

e) V pánvi rozehřejte olivový olej na středně vysokou teplotu.

f) Přidejte houby a cibuli a vařte 6-8 minut.

g) Přidejte špenát a míchejte, dokud nezvadne, po dobu 1 minuty.

h) Dochuťte solí a pepřem a přendejte do velké mísy.

i) Vmíchejte připravenou veganskou majonézu.

4.Sýrová Pesto omeleta

SLOŽENÍ:

- 1 lžička olivového oleje
- 1 klobouk z houby Portobello, nakrájený na plátky
- 1/4 šálku nakrájené červené cibule
- 4 bílky
- 1 lžička vody
- sůl a mletý černý pepř podle chuti
- 1/4 šálku strouhaného nízkotučného sýra mozzarella
- 1 lžička připraveného pesta

INSTRUKCE:

a) V pánvi rozehřejte na středním plameni olej a opékejte cibuli a houby asi 3–5 minut.

b) Do malé misky přidejte vodu, bílky, sůl a černý pepř a dobře prošlehejte.

c) Přidejte směs vaječných bílků do pánve a vařte za častého míchání asi 5 minut nebo dokud bílky nezačnou tuhnout.

d) Na omeletu položte sýr, poté pesto a opatrně, omeletu přiklopte a vařte asi 2-3 minuty nebo dokud se sýr nerozpustí.

5.špenát A Feta Plněné Houby Portobello

SLOŽENÍ:

- 4 velké žampiony portobello
- 1 šálek špenátu, nakrájeného
- 1/2 šálku sýra feta, rozdrobený
- 1 stroužek česneku, nasekaný
- 2 lžíce olivového oleje
- Sůl a pepř na dochucení

INSTRUKCE:

a) Předehřejte troubu na 375 °F (190 °C).

b) Houby portobello zbavte stopek a položte je na plech.

c) Na pánvi orestujte na olivovém oleji nakrájený špenát a nasekaný česnek, dokud nezvadnou.

d) Špenátovou směsí naplňte každý klobouk žampionů.

e) Navrch dejte rozdrobený sýr feta.

f) Dochuťte solí a pepřem podle chuti.

g) Pečte v předehřáté troubě 15-20 minut nebo dokud houby nezměknou.

6.Houbový sendvič Portobello

SLOŽENÍ:

- 4 velké žampiony portobello
- 4 vejce
- 4 anglické muffiny, opečené
- 1 avokádo, nakrájené na plátky
- 1 šálek rukoly
- Sůl a pepř na dochucení

INSTRUKCE:

a) Předehřejte troubu na 375 °F (190 °C).
b) Houby portobello zbavte stopek a položte je na plech.
c) Do každé houbové čepice rozklepněte jedno vejce.
d) Dochuťte solí a pepřem podle chuti.
e) Pečte v předehřáté troubě 15-20 minut nebo dokud nejsou vejce uvařená podle vaší chuti.
f) Sendvič sestavte tak, že na každý opečený anglický muffin položíte houbu s vejcem.
g) Navrch dejte plátky avokáda a rukolu.

7.Sýrová Slanina A Omeleta Plněné Portobellos

SLOŽENÍ:

- 4 velké žampiony portobello
- 4 vejce, rozšlehaná
- 1/2 šálku sýra čedar, nastrouhaného
- 4 plátky slaniny, uvařené a rozdrobené
- 1/4 šálku zelené cibule, nakrájené
- Sůl a pepř na dochucení

INSTRUKCE:

a) Předehřejte troubu na 375 °F (190 °C).

b) Houby portobello zbavte stopek a položte je na plech.

c) V misce smíchejte rozšlehaná vejce, strouhaný sýr čedar, rozdrobenou slaninu a nakrájenou zelenou cibulku.

d) Do každé houbové čepice vmíchejte lžící vaječnou směs.

e) Dochuťte solí a pepřem podle chuti.

f) Pečte v předehřáté troubě 15–20 minut nebo dokud vejce neztuhnou a houby nezměknou.

8.Snídaně Portobellos S Shiitakes

SLOŽENÍ:

- 4 střední až velké čerstvé portobello čepice, 4-6 palců napříč; vyčištěno
- 3 lžíce olivového oleje
- 4 unce hub Shiitake; stonky odstraněny a čepice nakrájené
- ½ malé cibule; jemně nakrájené
- 1 šálek čerstvých kukuřičných zrn
- ⅓ šálku pražených piniových oříšků
- ½ šálku smažené, rozdrobené slaniny
- Sůl
- 8 Vejce

INSTRUKCE:

a) Předehřejte troubu na 400 stupňů. Kloboučky portobello položte žábrami nahoru do velké zapékací mísy a pečte 5 minut. Mezitím ve velkém rozehřejte olej

b) Smažte pánev na vysoké teplotě. Přidejte shiitake, cibuli a kukuřici; Restujte, dokud houby nezměknou a kukuřice nezměkne, 3–4 minuty. Pokud používáte, přidejte piniové oříšky a slaninu a dobře promíchejte. Určitě dobře okořeňte.

c) Vyjměte houby z trouby a rovnoměrně rozdělte směs shiitake mezi 4 čepice hladící plochy. Ujistěte se, že čepice leží co nejrovněji, aby vejce během pečení neklouzala na jednu stranu. Na každou houbu rozklepněte 2 vejce.

d) Vejce lehce osolte a vraťte do trouby. Pečte, dokud nejsou vejce hotová podle vašich představ, a poté podávejte.

9.Klobása A špenát Plněné Houby Portobello

SLOŽENÍ:

- 4 velké žampiony portobello
- 1/2 lb snídaňová klobása, vařená a rozdrobená
- 1 šálek čerstvého špenátu, nakrájeného
- 1/2 šálku sýra čedar, nastrouhaného
- 4 vejce
- Sůl a pepř na dochucení

INSTRUKCE:

a) Předehřejte troubu na 375 °F (190 °C).
b) Houby portobello zbavte stopek a položte je na plech.
c) V misce smícháme uvařenou klobásu, nasekaný špenát a nastrouhaný sýr čedar.
d) Do každého klobouku houby lžičkou vmícháme klobásovou směs.
e) Na každou plněnou houbu rozklepněte jedno vejce.
f) Dochuťte solí a pepřem podle chuti.
g) Pečte 15–20 minut nebo dokud nejsou vejce uvařená podle vašich představ.

10.Rajčata a bazalka snídaně Portobello čepice

SLOŽENÍ:

- 4 velké žampiony portobello
- 1 šálek cherry rajčat, napůl
- 1/2 šálku čerstvé bazalky, nasekané
- 4 vejce
- 1/4 šálku parmazánu, strouhaného
- Sůl a pepř na dochucení

INSTRUKCE:

a) Předehřejte troubu na 375 °F (190 °C).

b) Houby portobello zbavte stopek a položte je na plech.

c) Mezi houby rovnoměrně rozdělte rozpůlená cherry rajčata a nakrájenou bazalku.

d) Na každou houbu rozklepněte jedno vejce.

e) Každé vejce posypeme parmazánem.

f) Dochuťte solí a pepřem podle chuti.

g) Pečte 15–20 minut nebo dokud vejce neztuhnou.

11.Avokádo A Uzený Losos Portobello Benedict

SLOŽENÍ:

- 4 velké žampiony portobello
- 4 vejce
- 4 oz uzeného lososa
- 1 avokádo, nakrájené na plátky
- Holandská omáčka (koupená v obchodě nebo domácí)
- Pažitka nakrájená (na ozdobu)

INSTRUKCE:

a) Předehřejte troubu na 375 °F (190 °C).
b) Houby portobello zbavte stopek a položte je na plech.
c) Do každé houbové čepice rozklepněte jedno vejce.
d) Pečte 15–20 minut nebo dokud nejsou vejce uvařená podle vašich představ.
e) Na každou houbu položte plátek uzeného lososa a avokádo.
f) Navrch pokapejte holandskou omáčkou.
g) Ozdobte nakrájenou pažitkou.

12.Houbové A špenátové Snídaně Quesadillas

SLOŽENÍ:

- 4 velké žampiony portobello, nakrájené na plátky
- 2 šálky baby špenátu
- 4 velké moučné tortilly
- 1 šálek strouhaného sýra Monterey Jack
- 4 vejce, míchaná
- Salsa a zakysaná smetana (volitelně pro podávání)

INSTRUKCE:

a) Na pánvi orestujte nakrájené žampiony portobello, dokud nepustí vlhkost.

b) Přidejte baby špenát na pánev a vařte do zvadnutí.

c) Umístěte tortillu na pánev nebo pánev na střední teplotu.

d) Jednu polovinu tortilly posypeme strouhaným sýrem.

e) Na sýr nalijte houbovou a špenátovou směs.

f) Směs zalijte rozmíchanými vejci.

g) Tortillu přeložte napůl a přitlačte stěrkou.

h) Vařte 2–3 minuty z každé strany, dokud quesadilla nezezlátne a sýr se nerozpustí.

i) Opakujte pro zbývající tortilly.

j) Podávejte se salsou a zakysanou smetanou, pokud chcete.

STARTOVAČE

13.Křupavé pečené Portobello houbové hranolky

SLOŽENÍ:
- 4 velké žampiony portobello, zbavené stopek a kloboučky nakrájené na hranolky
- 1 hrnek panko strouhanky
- 1/2 šálku strouhaného parmazánu
- 1 lžička česnekového prášku
- 1 lžička cibulového prášku
- 1/2 lžičky uzené papriky
- Sůl a černý pepř podle chuti
- 2 velká vejce, rozšlehaná
- Sprej na vaření nebo olivový olej na potažení

INSTRUKCE:
a) Předehřejte troubu na 425 °F (220 °C). Plech vyložte pečicím papírem a dejte stranou.
b) V mělké misce smíchejte panko strouhanku, strouhaný parmazán, česnekový prášek, cibulový prášek, uzenou papriku, sůl a černý pepř. Dobře promíchejte, aby vznikla potahová směs.
c) Ponořte každý hranolek portobello do rozšlehaných vajec a ujistěte se, že je zcela obalený.
d) Obalené houbové smažitky obalíme ve strouhankové směsi a jemně přitlačíme, aby povlak rovnoměrně přilnul.
e) Obalené houbové hranolky položte na připravený plech, mezi jednotlivými hranolky ponechejte prostor.
f) Houby lehce potřete sprejem na vaření nebo potřete olivovým olejem.
g) Pečte v předehřáté troubě 15–20 minut, nebo dokud nebudou hranolky zlatavě hnědé a křupavé, v polovině doby pečení je otočte, aby byly křupavé.
h) Vyjměte z trouby a před podáváním je nechte mírně vychladnout.
i) Volitelné: Podávejte s vaší oblíbenou omáčkou, jako je marinara, aioli nebo ranč.
j) Vychutnejte si křupavé pečené hranolky Portobello s houbami jako chutnou svačinku nebo jedinečnou přílohu s uspokojivým křupáním!

14.Houby, brambory, dýňové lívanečky a chakalaka

SLOŽENÍ:

NA GRILOVANÉ HOUBY

- 200 g houby Portabello
- 1 g kurkuma
- 1 g jemné soli
- 15 ml olivového oleje
- 10 ml octa

PRO BRAMBOR HASSELBACK

- 250 g brambor
- 1 g kurkuma
- 1 g jemné soli
- 15 ml olivového oleje
- 2 g rozmarýnu
- 5 g parmazánového sýra

NA DÝŇOVÉ FRÍČKY

- 150 g máslového ořechu
- 30 g dortové mouky
- 45 ml Aquafaba
- 1 g prášku do pečiva
- 2 g cínových máslových fazolí
- 0,125 g celého koriandru

PRO CHAKALAKU

- 5 g nakrájené bílé cibule
- 5 g červené papriky nakrájené na kostičky
- 5 g zelené papriky nakrájené na kostičky
- 15 g nastrouhané mrkve
- 10 g nakrájených švestkových rajčat
- 100 g plechové cizrny
- 10 ml chutney
- 2 ml rýžového octa
- 1 g zázvoru
- 1 g mleté skořice
- 2 g melasového cukru

INSTRUKCE:

NA HOUBY

a)   Houby okořeníme, marinujeme v olivovém oleji a balzamiku.

b)   Smažte na rozpálené pánvi a vařte, dokud nezkaramelizuje.

PRO BRAMBOR HASSELBACK

c)   Brambory dejte na pekáč, potřete polovinou oleje, posypte solí, pepřem a rozmarýnem.

d)   Pečeme při 210°C 30 minut.

e)   Vyndejte z trouby a potřete zbylým olejem a posypte sýrem. Pečte do uvaření.

PRO DÝŇOVÉ FRÍČKY

f)   Smíchejte máslovou mouku, aquafabu a prášek do pečiva do hladkého těsta.

g)   Na rozpáleném oleji zprudka opečeme kopečky těsta.

h)   Poprášíme skořicovým cukrem.

PRO CHAKALAKU

i)   Všechnu zeleninu orestujte na olivovém oleji, dokud nezačne měknout.

j)   Přidejte koření a vařte, dokud nezavoní.

k)   Přidejte rajčatový protlak, chutney a pečené fazole. Pokračujte ve vaření několik minut.

15.Portobello houby plněné fetou

SLOŽENÍ:

- 4 (4") velké houby Portobello
- 2 lžíce extra panenského olivového oleje
- 1 stroužek česneku (oloupaný a nasekaný)
- ¼ lžičky soli
- 1 šálek sýra feta (rozdrobený)
- ½ šálku pesta

INSTRUKCE:

a) Odstraňte a vyhoďte stonky hub a pomocí lžíce oškrábejte, vyjměte a vyhoďte žábry.

b) V misce smíchejte olivový olej a česnek. Houby potřeme česnekovým olejem a dochutíme solí.

c) V menší misce smíchejte nadrobenou fetu s pestem.

d) Houby rozložte na plech vymazaný alobalem a grilujte stonkem nahoru, zakryté na mírném ohni po dobu 8–10 minut.

e) Směs feta vmíchejte do hub a přikryté grilujte, dokud se nezahřeje, po dobu 2–3 minut.

16.Zelené fazole kastrol plněné žampiony

SLOŽENÍ:

- 3 plátky nudličky krůtí slaniny (nakrájené na kostičky)
- 1½ lžičky česneku (oloupaný a nasekaný)
- 1 (14½ unce) plechovka zelených fazolek ve francouzském stylu (odkapané)
- ¾ šálku parmazánu (čerstvě nastrouhaného a rozděleného)
- ¼ šálku kondenzované smetanové cibulové polévky (neředěné)
- ¼ šálku vody
- ⅛ lžičky mletého muškátového oříšku
- ⅛ lžičky černého pepře
- 1 hrnek suché strouhanky
- 30 celých hub baby Portobello
- Nepřilnavý sprej na vaření
- 1 (2,8 unce) plechovka smažené cibule

INSTRUKCE:

a) Slaninu opečte dokřupava na mírném ohni v malé pánvi.

b) Přidejte česnek a vařte dalších 60 sekund.

c) V kuchyňském robotu smíchejte francouzské zelené fazolky, ½ šálku parmazánu, kondenzovanou cibulovou polévku, vodu, muškátový oříšek, černý pepř a směs slaniny a zpracujte, dokud se nezapracuje. Směs přendáme do mísy a vmícháme strouhanku.

d) Vyjměte a vyhoďte stonky hub. Nepřilnavým sprejem na vaření nastříkejte kloboučky hub a položte je na nevymazaný pekáč o rozměrech 15x10x1" tak, aby strany stopky směřovaly dolů. Pečte v troubě při 425 ° F po dobu 10 minut, jednou je obraťte.

e) Slijte tekutinu z kloboučků hub a naplňte směsí francouzských zelených fazolí. Navrch dejte zbylý parmazán a osmaženou cibulku. Pečte v troubě dalších 8–10 minut, dokud houby nezměknou a náplň se nezahřeje.

f) Podávejte a užívejte si.

17.Krevety A Kozí Sýr Plněné Houby

SLOŽENÍ:

- 8 uncí nevařených krevet, oloupaných, vydlabaných a nakrájených
- 1 (4 unce) špalek čerstvého kozího sýra s bylinkami (rozdrobený)
- ⅓ šálku zelené cibule (nakrájené)
- ¼ šálku panko strouhanky
- 1 lžička čerstvého kořene zázvoru (mletého)
- ½ lžičky drcených vloček červené papriky
- ½ lžičky soli
- ¼ lžičky černého pepře
- 8 uncí celých baby Portobello žampionů (odstopkovaných)
- 2 lžíce sezamového oleje
- Zelená cibule (nakrájená na tenké plátky, na ozdobu)

INSTRUKCE:

a)   V misce smíchejte krevety, kozí sýr, zelenou cibulku, strouhanku, kořen zázvoru, vločky červené papriky, sůl a černý pepř.

b)   Do kloboučků hub lžící vložíme krevetovou směs a urovnáme je na nevymaštěný plech. Pokapejte sezamovým olejem.

c)   Pečte houby při 350 ° F po dobu 10-15 minut, dokud nejsou krevety růžové.

d)   Plněné houby ozdobte zelenou cibulkou a vychutnejte si teplé.

18.Plněné Houby Se Zvěřinou

SLOŽENÍ:

- 4 (5") celé baby Portobello houby
- ½ (7 uncí) plechovky nakrájených rajčat (dobře propasírovaných)
- 1 libra mleté zvěřiny
- ½ lžičky soli
- ⅛ lžičky černého pepře
- ¼ lžičky cibulového prášku
- ¼ lžičky sušeného tymiánu
- ¾ lžičky fenyklového semene
- ¼ lžičky kajenského pepře
- ½ lžičky sušeného oregana
- 1 lžička papriky
- ½ lžičky sušené bazalky
- 1 vejce
- 3 unce rajčatové pasty
- ⅓ šálku balzamikového octa
- 3-4 stroužky česneku (oloupané a drcené)
- ½ šálku zelené cibule (nakrájené)
- 1 (4 unce) plechovka nakrájených černých oliv (odkapaných)
- 1 ½ šálku mozzarelly (strouhané)
- 1 šálek italské směsi 3 sýrů
- ¼ šálku italské strouhanky

INSTRUKCE:

a) Předehřejte hlavní troubu na 375 ° F.

b) Vyjměte a jemně nakrájejte stonky z klobouků hub. Dát stranou.

c) Kloboučky hub položte na kuchyňskou papírovou utěrku stopkou dolů.

d) Konzervovaná rajčata prolisujte přes cedník a zadní stranou dřevěné vařečky jemně zatlačte dolů, abyste odstranili co nejvíce tekutiny.

e) V misce smíchejte mletou zvěřinu se solí, černým pepřem, cibulovým práškem, sušeným tymiánem, semínkem fenyklu, kajenským pepřem, sušeným oreganem, paprikou a sušenou bazalkou. Poté přidejte vejce, rajčatový protlak a ocet. Důkladně promíchejte, aby se spojily.

f) Dále vmíchejte česnek, zelenou cibulku, černé olivy, nakrájenou cibulovou stonku, mozzarellu, italský směsný sýr a strouhanku.

g) Velkou lžící naplňte kloboučky hub srnčí směsí. Množství náplně by mělo být přibližně 75 procent velikosti houby.

h) Naplněné houby pečte v litinové pánvi 20–25 minut, dokud nejsou uvařené.

19.Spirulina a houby Arancini

SLOŽENÍ:

- 2 šálky vegetariánského vývaru (nebo kuřecího vývaru)
- 2 lžíce olivového oleje
- 1 cibule, nakrájená nadrobno
- 2 stroužky česneku, rozdrcené
- 3 čerstvé švýcarské hnědé nebo polní houby
- 2 sušené houby shiitake
- ¼ šálku nakrájených sušených hub portobello
- ½ šálku bílého vína
- 1 ½ šálku (300 g) rýže arborio
- ¾ šálku (58 g) strouhaného parmazánu, mozzarelly nebo sýru čedar
- 2 polévkové lžíce čerstvé spiruliny
- ½ šálku (65 g) hladké mouky
- 3 vejce, rozšlehaná
- 1 hrnek strouhanky
- Olej na mělké smažení
- Osolíme, dochutíme

INSTRUKCE:

a) Troubu předehřejte na 160°C.

b) Vložte vývar do hrnce na střední teplotu. Přiveďte k varu, poté snižte plamen, přikryjte a udržujte na mírném ohni.

c) Sušené houby vložte do 1 šálku horké vody. Jakmile jsou sušené houby měkké, vymačkáme přebytečnou tekutinu a nakrájíme je nahrubo. Přidejte namáčecí vodu do vývaru.

d) Nakrájejte čerstvé houby.

e) Ve velké pánvi na středním plameni rozehřejte olivový olej. Přidejte najemno nakrájenou cibuli a prolisovaný česnek a vařte 1–2 minuty nebo dokud nezměknou.

f) Vmícháme nakrájené houby a vaříme 2-3 minuty, dokud nezměknou.

g) Snižte teplotu na minimum, přidejte rýži arborio a míchejte 3–4 minuty, aby byla rovnoměrně potažena olejem.

h) Přidejte bílé víno a vařte, dokud se nevsákne do rýže.

i) Začněte ohřívat vývar po ½ šálku a občas zamíchejte. Pokračujte v tomto procesu, dokud rýže neabsorbuje vývar a nedosáhne konzistence al dente. Směs by měla být mírně lepivá.

j) Přidejte nastrouhaný sýr a čerstvou spirulinu, dobře promíchejte. Směs dochuťte solí a pepřem podle chuti. Nechte zcela vychladnout.

k) Navršené lžíce směsi na rizoto vyválíme na kuličky, které poprášíme moukou, namáčíme v rozšlehaných vejcích a obalíme ve strouhance.

l) Lehce mělce opečte kuličky, dokud strouhanka nezezlátne.

m) Kuličky přendejte na plech vyložený pečicím papírem a pečte dalších 20 minut.

20.Portobello Houbová slanina

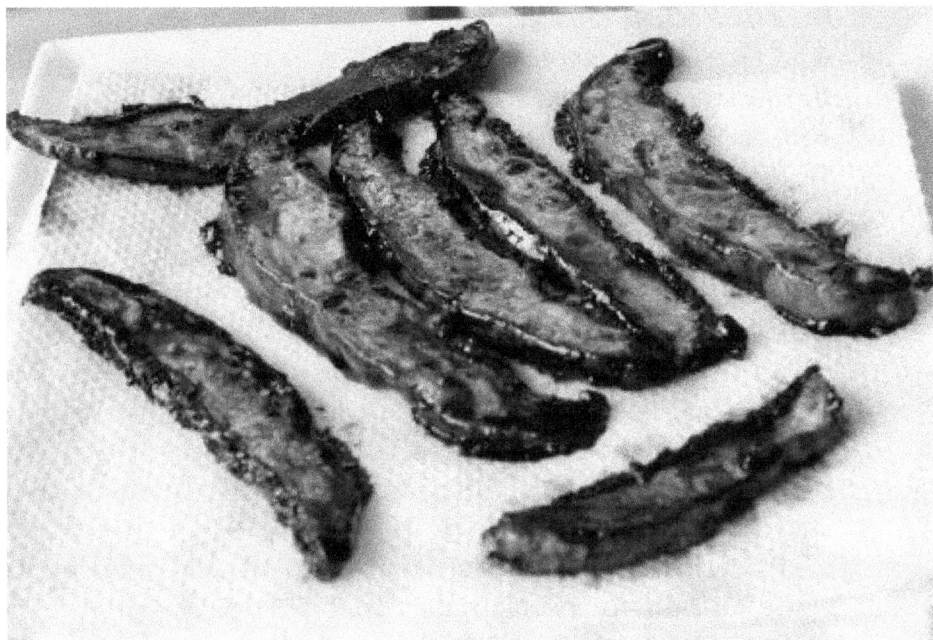

SLOŽENÍ:

- 2 lžíce světlého olivového oleje
- 2 lžíce sójové omáčky
- 1 lžíce čistého javorového sirupu
- ½ lžičky tekutého kouře
- 1 lžička uzené papriky
- ¼ lžičky vloček červené papriky
- ¼ lžičky pepře
- 2 žampiony portobello, nakrájené na ⅛ palce široké proužky

INSTRUKCE:

a) Ve velké míse prošlehejte olivový olej, sójovou omáčku, javorový sirup, tekutý kouř, uzenou papriku, vločky červené papriky a pepř. Přidejte plátky hub a promíchejte, aby se obalily.

b) Vyberte funkci předehřátí na troubě Air Fryer Toaster a stiskněte Start/Pauza.

c) Plátky hub vložte do košíku na smažení v rovnoměrné vrstvě a poté vložte košík do střední polohy do předehřáté trouby.

d) Zvolte funkce Air Fry a Shake, nastavte čas na 15 minut a stiskněte Start/Pauza.

e) V polovině vaření plátky hub otočte. Shake Reminder vám dá vědět, kdy.

f) Vyjměte, když jsou houby křupavé.

21.Squash A Portobello Bruschetta

SLOŽENÍ:

- 1¾ libry Butternut Squash nebo Orange-Flesh Squash
- ¾ liber Portobello Houby, otřeno, stonky odstraněny
- 3 stroužky česneku
- Sůl A čerstvě Mletý Pepř, Podle chuti
- 1 lžíce nasekaného čerstvého oregana
- 1 lžíce nasekaného čerstvého rozmarýnu
- 2 lžíce balzamikového octa
- ¼ šálku kuřecího vývaru s nízkým obsahem sodíku, odtučněného tuku
- ¼ šálku měkkého kozího sýra
- 6 plátků celozrnný venkovský chléb
- Olivový olej ve spreji

INSTRUKCE:

a) Zahřejte troubu na 425 stupňů s roštem uprostřed. Postříkejte pekáč sprejem na vaření. Dýni rozkrojte podélně napůl. Odstraňte semena a vlákna a oloupejte je. Dýni nakrájejte na ½palcové kousky.

b) Nakrájejte portobellos na ½-palcové kousky. Dýni a žampiony přendejte do pánve a držte je zvlášť.

c) Přidejte česnek. Vše postříkejte sprejem na vaření. Posypte solí a pepřem a polovinou oregana a rozmarýnu.

d) Vařte, dokud portobello nezměknou, 15-20 minut, a vyjměte portobello. Dýni rozprostřete na pánev a otáčejte stěrkou. Zvyšte teplotu na 450 stupňů.

e) Vařte, dokud dýně nezměkne a česnek nezměkne, ještě asi 15 minut. Vyjměte z trouby. Odstraňte stroužky česneku a rezervujte.

f) Vraťte portobellos do pánve a položte na středně vysokou teplotu na sporák.

g) Přidejte ocet, kuřecí vývar a zbývající polovinu oregana a rozmarýnu a seškrábněte po dně pánve, abyste odstranili všechny připečené kousky.

h) Vařte za častého míchání, dokud se tekutina nezredukuje na glazuru, 2–3 minuty. Přeneste směs do velké mísy. Necháme mírně vychladnout.

i) Ze směsi vyjměte asi ⅓ kostek tykve a přendejte do střední mísy. Hřbetem nože vyškrábněte změklou dužinu česneku z každého stroužku. Přidejte do misky. Přidejte kozí sýr.

j) Pomocí vidličky rozdrťte ingredience na pastu. Dát stranou. Plátky chleba lehce opečte na grilovací pánvi nebo pod brojlerem. Každý potřete squashovou pastou.

k) Navrch každý položte směs squash-a-portobello.

l) Ozdobte oreganem a rozmarýnem.

22.Spirulina A Houbové Krokety

SLOŽENÍ:

- 2 šálky vegetariánského vývaru (nebo kuřecího vývaru)
- 2 lžíce olivového oleje
- 1 cibule, nakrájená nadrobno
- 2 stroužky česneku, rozdrcené
- 3 čerstvé švýcarské hnědé nebo polní houby
- 2 sušené houby shiitake
- ¼ šálku nakrájených sušených hub portobello
- ½ šálku bílého vína
- 1 ½ šálku (300 g) rýže arborio
- ¾ šálku (58 g) strouhaného parmazánu, mozzarelly nebo sýru čedar
- 2 polévkové lžíce čerstvé spiruliny
- ½ šálku (65 g) hladké mouky
- 3 vejce, rozšlehaná
- 1 hrnek strouhanky
- Olej na mělké smažení
- Osolíme, dochutíme

INSTRUKCE:

n) Troubu předehřejte na 160°C.

o) Vložte vývar do hrnce na střední teplotu. Přiveďte k varu, poté snižte plamen, přikryjte a udržujte na mírném ohni.

p) Sušené houby vložte do 1 šálku horké vody. Jakmile jsou sušené houby měkké, vymačkáme přebytečnou tekutinu a nakrájíme je nahrubo. Přidejte namáčecí vodu do vývaru.

q) Nakrájejte čerstvé houby.

r) Ve velké pánvi na středním plameni rozehřejte olivový olej. Přidejte najemno nakrájenou cibuli a prolisovaný česnek a vařte 1–2 minuty nebo dokud nezměknou.

s) Vmícháme nakrájené houby a vaříme 2-3 minuty, dokud nezměknou.

t) Snižte teplotu na minimum, přidejte rýži arborio a míchejte 3–4 minuty, aby byla rovnoměrně potažena olejem.

u) Přidejte bílé víno a vařte, dokud se nevsákne do rýže.

v) Začněte ohřívat vývar po ½ šálku a občas zamíchejte. Pokračujte v tomto procesu, dokud rýže neabsorbuje vývar a nedosáhne konzistence al dente. Směs by měla být mírně lepivá.

w) Přidejte nastrouhaný sýr a čerstvou spirulinu, dobře promíchejte. Směs dochuťte solí a pepřem podle chuti. Nechte zcela vychladnout.

x) Navršené lžíce směsi na rizoto vyválíme na kuličky, které poprášíme moukou, namáčíme v rozšlehaných vejcích a obalíme ve strouhance.

y) Lehce mělce opečte kuličky, dokud strouhanka nezezlátne.

z) Kuličky přendejte na plech vyložený pečicím papírem a pečte dalších 20 minut.

HLAVNÍ CHOD

23.Portobello sekaná se sladkou balzamikovou omáčkou

SLOŽENÍ:

NA „PRAŽENÉ" HOUBY A PAPRICE:

- 9 oz portobello houby
- 3 červené papriky
- 3 lžíce citronové šťávy
- 1/4 šálku olivového oleje
- 4 stroužky česneku, nasekané
- 1/2 lžičky soli

SEKANÁŘKA:

- 1 hrnek vlašských ořechů, namočených
- 1 šálek mandlí, namočených
- 1/2 cibule
- 1 lžíce tamari
- 3 lžíce olivového oleje
- 2 lžíce tymiánu
- 2 lžičky šalvěje
- 1 lžíce směsi bylinek (kombinace tymiánu, majoránky, petrželky, oregana, šalvěje a bazalky)

RAJČATOVÁ OMÁČKA:

- 6 uncí cherry rajčat
- 1/2 červené papriky, zbavené semínek a nakrájené
- 1/4 červené cibule (polovina nakrájená, polovina nakrájená na tenké plátky)
- 1 lžíce olivového oleje
- 1 lžíce balzamikového octa
- 1 stroužek česneku, oloupaný
- 1/4 lžičky černého pepře, mletého
- 1/2 lžičky fenyklových semínek, mletých
- 2 lžičky cibulového prášku
- 1/2 lžičky soli
- 2 lžičky papriky (sladká odrůda, ne pikantní)

INSTRUKCE:
NA „PRAŽENÉ" HOUBY A PAPRICE:
a) Houby nakrájejte na přibližně 1 cm (1/2 palce) plátky a papriky na přibližně 1⁄2 cm (1/4 palce) proužky.
b) V misce smíchejte citronovou šťávu, olivový olej, mletý česnek a sůl. Přidáme nakrájené houby a papriku, dobře promícháme.
c) Umístěte houby a papriky na nepřilnavou dehydrátorovou desku, dehydratujte 3 hodiny při 115 °F.

SEKANÁŘKA:
d) Všechny ingredience na sekanou umelte v kuchyňském robotu, dokud nejsou důkladně promíchány.
e) Přidejte sušené houby a papriky, znovu zpracujte a nechte je tlusté.
f) Vyjměte z kuchyňského robotu a vytvarujte 2 bochníky, přibližně 2 cm vysoké a 4 cm široké.
g) Dehydratujte 12 hodin při 115 °F rajčatovou omáčkou (viz níže).

RAJČATOVÁ OMÁČKA:
h) Všechny přísady na omáčku vložte do vysokorychlostního mixéru a zpracujte do hladka.
i) Dejte omáčku do velké mísy pro větší plochu, což napomáhá rychlejší redukci.
j) Umístěte misku do sušičky na 115 °F po dobu 12 hodin, občas zamíchejte, dokud se nezredukuje na polovinu a nezhoustne.
k) Rovnoměrnou vrstvu omáčky rozetřeme na sekanou, která je do této chvíle většinou vysušená.
l) Dehydratujte při 115 °F po dobu dalších 2 hodin.
m) Podávejte teplé ze sušičky.

24.Portobello Shepherd's Pies

SLOŽENÍ:

- 1 lb mletého hovězího masa (nebo libového mletého jehněčího)
- 6 lžic jemně nasekaného čerstvého rozmarýnu, rozděleného
- 1 PL olivového oleje
- 1/2 žluté cibule, nasekané
- 2 lžíce másla
- 1 vrchovatá lžíce mouky
- 8 oz hovězí vývar
- Sůl a čerstvě mletý černý pepř
- 5 nebo 6 velkých klobouků hub portobello (kulaté miskovité, ne ploché)

POLEVA:

- 2 velké červené brambory na pečení, oloupané a nakrájené na velké kousky
- 2 lžíce másla
- 1/2 šálku plnotučného mléka
- Sůl a pepř na dochucení

INSTRUKCE:

a) Nastavte troubu na 375 °F.

b) Brambory vložíme do hrnce s vodou a přivedeme k varu. Vaříme, dokud brambory nezměknou.

c) Brambory sceďte a rozmačkejte je s máslem a mlékem, dokud nebudou hladké a krémové. V případě potřeby upravte konzistenci dalším mlékem. Dochuťte solí a pepřem podle chuti. Používejte elektrické šlehače, pokud jsou k dispozici. Přikryjte a dejte stranou.

d) Na pánvi osmahněte mleté hovězí (nebo jehněčí) a 2 lžíce rozmarýnu, přičemž maso během vaření nalámejte na jemnou drobenku. Vyjměte na talíř.

e) Přidejte cibuli do pánve a vařte na středním plameni, dokud nezačne hnědnout. Pokud je pánev příliš suchá, přidejte trochu olivového oleje. Vyjměte cibuli na talíř s masem.

f) Do pánve přidejte 2 lžíce másla a nechte rozpustit. Vmíchejte mouku, vařte několik minut, dokud nezhnědne. Při míchání seškrábejte všechny kousky ze spodní části pánve.

g) Do pánve přilijte hovězí vývar, rychle šlehejte, aby se vše spojilo, a vařte, dokud nezhoustne.

h) Přidejte hovězí maso a cibuli zpět do pánve a před přidáním odstraňte přebytečný tuk. Ochutnejte a upravte koření.

i) Houby oprášíme a zbavíme stopek. Lžící opatrně vyškrábněte žábry, abyste vytvořili prostor pro maso.

j) Pokud jsou houby hodně velké, položte je na suchý pekáč a pečte v troubě asi 10 minut. Poté každou houbu naplňte masovou směsí.

k) Na každou houbu nasypte velké množství bramborové kaše a pečte asi 15–20 minut, dokud není vše horké a bublinkové.

l) Ihned podávejte s vydatným posypem čerstvého rozmarýnu a stranou vařeného hrášku. Užívat si!

25.Grilované steaky z Portobello

SLOŽENÍ:
- 4 velké klobouky hub Portobello
- Grilovací omáčka
- ½ lžičky soli
- ¼ lžičky čerstvě mletého pepře

INSTRUKCE:
a) Připravte gril.
b) Kloboučky hub otřete papírovou utěrkou; každou čepici potřete 1 grilovací omáčkou a posypte solí a pepřem.
c) Uspořádejte houby čepicí dolů na gril; stan s fólií. Grilujte 3 až 5 minut na středně nízkém uhlí. Odstraňte fólii; každou houbu potřete 1 lžící omáčky. Houby otočte a potřete další 1 lžící omáčky.
d) Grilujte ještě 3 až 5 minut, dokud po propíchnutí vidličkou nezměknou. Podávejte se zbylou barbecue omáčkou, podle potřeby ohřátou. Vyrábí: 4 porce.

26.Kuřecí Madeira S Portobello

SLOŽENÍ:

- 4 větší půlky kuřecích prsou bez kosti
- 8 uncí Portobellos; hustě nakrájené
- 1 hrnek univerzální mouky
- 2 lžíce másla
- 2 lžíce olivového oleje
- Sůl a čerstvě mletý pepř podle chuti
- 1 lžíce čerstvé italské petrželky nebo bazalky; mletý
- Prameny buď čerstvé italské petrželky nebo bazalky
- ½ šálku suchého madeirského vína
- ½ šálku kuřecího vývaru

INSTRUKCE:

a) Kuřecí prsa vkládejte jedno po druhém mezi 2 listy voskovaného papíru. Kuřecí kousky položte stranou, ze které byla odstraněna kůže dolů, na voskovaný papír a paličkou jemně zploštěte.

b) Vyrovnejte je na tloušťku asi ¼ palce. Bušení do kuřete má dva účely; 1) aby se prsa zvětšila a hlavně 2) je tloušťka rovnoměrná, aby byla doba vaření jednotná.

c) Na čistý voskovaný papír smíchejte mouku, sůl a pepř. Každé kuřecí prso obalte ochucenou moukou; zvedněte za jeden konec a jemně setřeste přebytečnou mouku. Každý poprášený kus kuřete položte na další kus voskovaného papíru a nedovolte, aby se navzájem překrývaly.

d) Rozpusťte 2 lžičky másla a 2 lžičky olivového oleje ve velké hluboké nepřilnavé pánvi. Když je máslo a olej horké (bublá), přidáme houby. Na vysoké teplotě restujte, dokud houby lehce nezhnědnou a nezměknou a veškerá tekutina se neodpaří. Vyjměte houby z pánve a dejte stranou.

e) Houby ochutíme solí, pepřem a petrželkou nebo bazalkou. Vraťte pánev na středně vysokou teplotu. Přidejte zbývající máslo a olivový olej. Přidejte kuře na pánev, nejprve opékejte vydlabanou stranou.

f) Kuřecí prsa opečte 2-3 minuty z každé strany. Nepřevařujte. Kuře přendejte na velký talíř a zakryjte fólií. NEBO Uvařená kuřecí prsa můžete také uchovávat v teplé troubě (150-200 stupňů) na velkém talíři.

g) Když jsou všechna kuřecí prsa orestovaná, slijte přebytečný tuk z pánve a na pánvi nechte jen pár kapek. Zalijte vínem a kuřecím vývarem a na středním plameni oškrábejte dno pánve, uvolněte všechny částice ulpělé na dně a rozpusťte je v tekutině. NEBO Pánev můžete odglazovat tradičnějším způsobem. Přidejte víno do pánve a restujte na vysoké teplotě, dokud se objem nezmenší na polovinu, asi 2 až 3 minuty.

h) Přidejte kuřecí vývar a restujte na vysoké teplotě, dokud se objem nezmenší na polovinu, asi 1 minutu.

i) Vraťte portobellos do pánve. Ochutnejte a v případě potřeby upravte koření. Lžíce omáčky na kuře. Sloužit.

j) Kuře podávejte na talíři ozdobené čerstvou snítkou italské petrželky nebo bazalky, podle toho, kterou bylinku použijete v pokrmu.

27.Na vzduchu smažené veganské houbové steaky

SLOŽENÍ:

- 4 žampiony portobello, očištěné a zbavené stopek
- Špetka soli podle chuti
- 3 polévkové lžíce olivového oleje
- 2 lžičky sojové omáčky tamari
- 1 lžička česnekové kaše

INSTRUKCE:

a) Předehřejte vzduchovou fritézu na 350F / 180C.

b) V misce smíchejte sojovou omáčku tamari, olivový olej, česnekovou kaši a sůl.

c) Přidejte houby a promíchejte.

d) Houby smažte na vzduchu v koši vzduchové fritézy po dobu 10 minut .

28.Lilek A Portobello Lasagne

SLOŽENÍ:

- 1 libra švestkových rajčat; rozčtvrcený
- 1½ šálku nahrubo nasekané cibule fenyklu
- 1 lžíce olivového oleje
- Nepřilnavý rostlinný olej ve spreji
- 4 velké japonské lilky; oříznuté, podélně rozříznuté
- ⅓ Plátky o tloušťce palce
- 3 středně velké houby Portobello; stonky ořezané; čepice nakrájené na plátky
- 1 lžíce rýžového octa
- 3 šálky špenátových listů; opláchnutý
- 4 tenké plátky nízkotučného sýra mozzarella
- 2 pečené červené papriky ze sklenice; okapané, nakrájíme na nudličky
- 8 velkých listů bazalky

INSTRUKCE:

a) Předehřejte troubu na 400 °F. Rozložte rajčata a fenykl do skleněné zapékací mísy o rozměrech 13 x 9 x 2 palce. Pokapejte olejem; promíchat. Pečte, dokud fenykl nezměkne a nezačne hnědnout, asi 45 minut. Chladný.

b) Postříkejte 2 nepřilnavé pečicí plechy ve spreji s rostlinným olejem. Na připravené plechy naaranžujte plátky lilku a hub. Pečte, dokud zelenina nezměkne, asi 30 minut na plátky lilku a 40 minut na houby. Směs rajčatového pyré v procesoru. Přendejte do sítka nad mísou. Zatlačte na pevné látky, abyste extrahovali kapalinu; zlikvidujte pevné látky. Vmíchejte ocet do tekutiny. Vinaigrette dochuťte solí a pepřem.

c) Špenát míchejte ve velké nepřilnavé pánvi na středně vysoké teplotě, dokud nezvadne, asi 1 minutu. Odstraňte z tepla.

d) Předehřejte troubu na 350 °F. Postříkejte čtyři misky s 1¼ šálkem pudinku sprejem na rostlinný olej. Každé jídlo vyložte 2 plátky lilku v křížovém vzoru.

e) Posypte solí a pepřem. Na každý navrch dejte ¼ špenátu. Každý položte 1 plátkem mozzarelly. Položte proužky papriky, poté bazalku a houby.

f) Navrch dejte zbývající plátky lilku, nakrájejte podle potřeby. Posypte solí a pepřem. Zakryjte každou misku fólií.

g) Lasagne pečte do měkka, asi 25 minut. Odstraňte fólii. Malým nožem nakrájejte kolem zeleniny, aby se uvolnila. Obracejte na talíře.

h) Nalijte vinaigrette.

29.Pečené Portobellos Rom esco

SLOŽENÍ:

- 6 uncí hub Portobello
- ½ libry špagety
- Sůl a pepř
- ½ šálku oblíbeného vývaru
- 1 šálek nakrájené cibule
- 1 šálek nakrájené červené papriky nebo lilku nebo ½ šálku každého
- 1 stroužek česneku, mletý
- 2 lžíce čerstvé mleté petrželky
- 1 plechovka (16 uncí) rajčatové omáčky
- 1 lžička vegetariánské worcesterské omáčky
- ½ lžičky sušeného oregana
- ¼ šálku strouhaného parmazánu bez tuku

INSTRUKCE:

a) Předehřejte troubu na grilování. Přiveďte k varu velký hrnec vody. Houby očistíme, dochutíme solí a pepřem a opékáme pár minut z obou stran.

b) Mezitím uvařte těstoviny ve vroucí vodě al dente. Houby nakrájejte na dlouhé proužky široké asi ½. Sceďte těstoviny, vložte je do zapékací misky lehce postříkané Pam a navrch dejte houby. Snižte teplotu trouby na 350 stupňů Fahrenheita.

c) Na pánvi přiveďte k varu vývar.

d) Cibuli, česnek, petržel a papriku/lilek osmahněte ve vývaru asi pět minut. Přidejte rajčatovou omáčku, worcesterskou omáčku a oregano a vařte ještě dvě minuty. Nalijte na těstoviny a houby. Posypeme sýrem.

e) Přikryjeme a pečeme asi 30 minut.

30.Houbové špenátové těstoviny

SLOŽENÍ:

- 3 lžíce extra panenského olivového oleje
- ½ šálku na tenké plátky nakrájené šalotky nebo červené cibule
- kóšer sůl
- 10 uncí bílých žampionů, nakrájených na velké kousky
- 8 uncí klobouků hub portobello, nakrájených na plátky
- 2 stroužky česneku, jemně nasekané
- ½ lžičky drceného červeného chilli
- Čerstvě mletý černý pepř podle chuti
- 8 uncí sušených nudlí pappardelle nebo fettuccine
- ¼ šálku růžového nebo suchého bílého vína
- 3 lžíce másla
- ¼ šálku strouhaného parmazánu
- 5 uncí listů baby špenátu

INSTRUKCE:

a)   Přiveďte k varu velký hrnec s osolenou vodou.

b)   Umístěte velkou (12palcovou) pánev na střední teplotu. Přidejte olivový olej a šalotku do pánve spolu s ½ lžičky košer soli. Vařte, dokud šalotka nezměkne, za častého míchání asi 5 minut.

c)   Přidejte houby do pánve v jedné vrstvě. Vařte nerušeně 5 minut, poté posypte ½ lžičky soli a promíchejte se šalotkou. Vmíchejte česnek, chilli a černý pepř a pokračujte ve vaření dalších 5 minut, nebo dokud nezměknou a nepustí šťávu.

d)   Mezitím, co se houby vaří, přidejte do vroucí vody těstoviny a vařte podle návodu na obalu. Vypusťte.

e)   Zvyšte plamen pod houbami na středně vysoký a zalijte vínem. Necháme probublávat a vaříme 2 minuty. Vmíchejte máslo, dokud se nerozpustí.

f)   Odstraňte pánev z ohně a přidejte do pánve ¼ šálku sýra a špenát. Míchejte, dokud listy nezvadnou.

g)   Do pánve přidejte uvařené těstoviny a jemně je promíchejte s omáčkou. Podávejte v miskách s dalším sýrem posypaným přes těstoviny. Nalijte si sklenku vína a užívejte si!

31.Kuřecí Marsala Lasagne

SLOŽENÍ:

- 12 nudlí lasagne
- 4 lžičky italského koření, rozdělené
- 1 lžička soli
- ¾ libry vykostěných kuřecích prsou bez kůže, na kostky
- 1 lžíce olivového oleje
- ¼ šálku jemně nakrájené cibule
- ½ šálku másla, nakrájeného na kostky
- ½ libry nakrájených baby portobello žampionů
- 12 stroužků česneku, nasekaných
- 1½ šálku hovězího vývaru
- ¾ šálku vína Marsala, rozdělené
- ¼ lžičky hrubě mletého pepře
- 3 lžíce kukuřičného škrobu
- ½ šálku jemně nasekané plně vařené šunky
- 1 karton (15 uncí) sýr ricotta
- Balení 10 uncí mraženého nakrájeného špenátu, rozmraženého a vysušeného
- 2 šálky strouhané směsi italského sýra
- 1 šálek strouhaného parmazánu, rozdělený
- 2 velká vejce, lehce rozšlehaná

INSTRUKCE:

a) Uvařte nudle podle návodu na obalu; vypustit. Mezitím smíchejte 2 lžičky italského koření a soli; posypeme kuřecí prsa. Ve velké pánvi rozehřejte olej na středně vysokou teplotu. Přidejte kuře; restujte, dokud přestane být růžové. Vyjměte a udržujte v teple.

b) Ve stejné pánvi opékejte cibuli na másle na středním plameni po dobu 2 minut. Vmíchejte houby; vaříme do měkka, 4-5 minut déle. Přidejte česnek; vaříme a mícháme 2 minuty.

c) Vmíchejte vývar, ½ šálku vína a pepř; přivést k varu. Smíchejte kukuřičný škrob a zbývající víno do hladka; vmícháme do pánve. Přivést k varu; vaříme a mícháme do zhoustnutí, asi 2 minuty. Vmícháme šunku a kuřecí maso.

d) Předehřejte troubu na 350°. Smíchejte sýr ricotta, špenát, směs italského sýra, ¾ šálku parmazánu, vejce a zbývající italské koření. Rozložte 1 šálek kuřecí směsi do vymazané 13x9-in. pekáč. Navrstvěte 3 nudle, asi ¾ šálku kuřecí směsi a asi 1 šálek směsi ricotty. Vrstvy opakujte 3x.

e) Pečeme přikryté 40 minut. Posypeme zbylým parmazánem. Pečte odkryté, dokud kastrol nezměkne a sýr se nerozpustí, 10–15 minut. Před řezáním nechte 10 minut odstát.

32.kuličky z divokých hub

SLOŽENÍ:

- 2 lžičky olivového oleje
- 1 Žlutá cibule, nakrájená nadrobno
- 2 šalotky, oloupané a nasekané
- ⅛ lžičky soli
- 1 šálek suchých hub shiitake
- 2 šálky Portobello houby
- 1 balení tofu
- ⅓ šálku opečené pšeničné klíčky
- ⅓ šálku panko
- 2 lžíce Lite sójové omáčky
- 1 lžička Tekuté kouřové aroma
- ½ lžičky granulovaného česneku
- ¾ šálku ovsa na rychlé vaření

INSTRUKCE:

a) Na olivovém oleji orestujte cibuli, šalotku a sůl asi 5 minut.

b) Změklé houby shiitake odstopněte a nasekejte je s čerstvými houbami v kuchyňském robotu. Přidejte k cibuli.

c) Vařte 10 minut, občas promíchejte, aby se nepřilepily.

d) Houby smícháme s rozmačkaným tofu, přidáme zbylé ingredience a dobře promícháme.

e) Navlhčete ruce, aby se nelepily a netvořily se masové kuličky.

f) Pečte 25 minut, po 15 minutách jednou otočte.

33.Artyčok a Portobello rizoto

SLOŽENÍ:

- 2 kulaté artyčoky
- 2 lžíce rostlinného másla
- 1 citron
- 2 lžíce olivového oleje
- 1 houba Portobello
- 2½ šálku zeleninového vývaru
- 1 cibule; mletý
- 1 šálek suchého bílého vína
- 2 stroužky česneku; mletý
- Sůl a pepř; ochutnat
- 1 šálek rýže Arborio
- 1 lžíce petrželky; mletý

INSTRUKCE:

a) Odšťavněte ½ citronu do misky a přidejte tolik vody , aby pokryla artyčok .

b) Houbu nakrájíme na čtvrtky.

c) Houby nakrájíme na velmi tenké plátky.

d) Vmíchejte odložené artyčoky, nakrájené houby a petržel.

e) Mikrovlnná trouba .

34.Enchiladas z hub Portobello

SLOŽENÍ:

- 2 lžíce olivového oleje
- 4 žampiony portobello, nakrájené na plátky
- 1 cibule, nakrájená
- 2 stroužky česneku, nasekané
- 1 plechovka (15 uncí) černých fazolí, scezená a propláchnutá
- 1 lžička mletého kmínu
- Sůl a pepř na dochucení
- 8-10 kukuřičných tortill
- 1 ½ šálku strouhaného sýra Monterey Jack
- 1 plechovka (15 uncí) omáčky enchilada

INSTRUKCE:

a) Předehřejte troubu na 350 °F.

b) Ve velké pánvi rozehřejte olivový olej na středně vysokou teplotu.

c) Přidejte nakrájené houby portobello na pánev a opékejte, dokud nezměknou a nezhnědnou, asi 5-7 minut.

d) Přidejte na pánev nakrájenou cibuli a česnek a opékejte, dokud nebudou voňavé, asi 2-3 minuty.

e) Do pánve přidejte černé fazole, kmín, sůl a pepř a míchejte, dokud se dobře nespojí.

f) Kukuřičné tortilly ohřejte v mikrovlnné troubě nebo na pánvi, dokud nebudou měkké a poddajné.

g) Nalijte malé množství omáčky enchilada na dno zapékací misky o rozměrech 9 x 13 palců.

h) Na každou tortillu položte velkou lžíci směsi hub a černých fazolí a pevně sviňte.

i) Srolované tortilly vložte do zapékací mísy švem dolů.

j) Nalijte zbývající enchilada omáčkou přes vrchol enchiladas.

k) Vršek enchiladas posypte strouhaným sýrem Monterey Jack.

l) Pečte v předehřáté troubě 20–25 minut, nebo dokud se sýr nerozpustí a nezvětší.

m) Ozdobte čerstvým koriandrem a podávejte horké.

35.Krupicové noky s žampiony Portobello

SLOŽENÍ:

- 1 šálek krupicových noků
- 2 houby Portobello, nakrájené na plátky
- 1 rajče, nakrájené na kostičky
- Olivový olej na smažení
- Sůl a pepř na dochucení

INSTRUKCE:

a) Krupicové noky uvařte podle návodu na obalu dokud nevyplavou na povrch. Sceďte a dejte stranou.

b) Na pánvi na středním plameni rozehřejte olivový olej.

c) Do pánve přidejte nakrájené houby Portobello a nakrájené rajče. Vařte, dokud houby nezměknou a rajče nepustí šťávu.

d) Uvařené noky přidejte na pánev a smažte do zlatova a křupava.

e) Dochuťte solí a pepřem podle chuti.

f) Sloužit.

36.Tacos S Mikrozelená & Kozím Sýrem

SLOŽENÍ:
- 4 klobouky hub portobello, stopky odstraněné
- 1 chipotle paprika v adobo omáčce
- 2 poblano papriky
- 2 červené papriky
- 2 lžíce olivového oleje
- 2 lžičky košer soli
- 4 unce kozího sýra
- 1 limetka, odšťavněná
- 10 4palcových kukuřičných tortil , opečených

G ARNISH:
- S pikantní Mikrozelená
- Extra limetkové klínky
- Nasekaný koriandr
- Queso freska

INSTRUKCE:
a) Předehřejte gril na cca 500-600 stupňů.

b) Smíchejte červenou papriku, papriku poblano a kloboučky hub se solí a olejem.

c) Zeleninu grilujeme 8 minut .

d) Necháme vychladnout.

e) Jakmile zelenina vychladne, nakrájejte ji na tenké proužky, paprikové vršky a semínka vyhoďte.

f) V kuchyňském robotu očistěte kozí sýr, chipotle pepř a limetkovou šťávu, zatímco se zelenina griluje.

g) Do tortilly vložíme grilovanou zeleninu, poklademe Mikrozelená a pokapeme pomazánkou z kozího sýra.

h) Podávejte s měsíčky limetky.

37.Ravioli z celeru s celerem/houbovou náplní

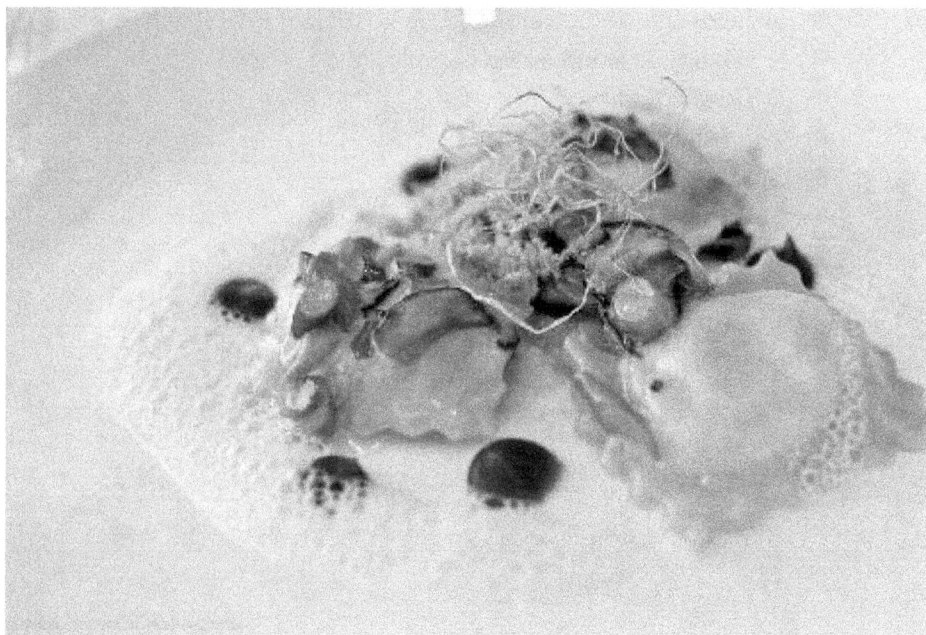

SLOŽENÍ:

- ½ šálku nakrájené mrkve
- ½ šálku celeru nakrájeného na kostičky
- ½ šálku nakrájené španělské cibule
- 6 lžic olivového oleje
- 2 Kořeny celeru; oloupané
- 3 houby Portobello
- Sůl a pepř
- 1 šálek česneku
- 1 snítka rozmarýnu
- 1 řapíkatý celer; na kostičky
- 1 lžíce šalotky nakrájené na kostičky
- 2 lžíce nasekaných čerstvých bylinek (např. petržel, pažitka)
- 2 šálky Ploché listy petržele
- 1 recept Redukce červeného vína; následuje recept

INSTRUKCE:

a) Ve středním hrnci zkaramelizujte mrkev, celer a cibuli na 2 lžičkách olivového oleje.

b) Přidejte celer, zalijte do tří čtvrtin vodou a přikryjte pánev. Pomalu dusíme 45 až 60 minut nebo do změknutí.

c) Vyjměte celer z dušené tekutiny a zcela vychladněte. Tekutinu na dušení si rezervujte. Odřízněte celer do čtverce a papír nakrájejte na tenké plátky. Očistěte houby Portobello odstraněním stopek a tmavě hnědé spodní strany.

d) Nakrájejte na čtvrtky, ochuťte solí, pepřem a pokapejte 2 lžičkami olivového oleje. Vložte do trouby odolné vůči česneku a rozmarýnu a přikryjte hliníkovou fólií.

e) Pečte při 350 stupních 30 až 40 minut, nebo dokud nezměknou. Na střední pánvi orestujte na 1 lžičce olivového oleje nakrájený celer a šalotku. Orestované houby nakrájíme na kostičky a promícháme s celerovou směsí a bylinkami.

f) V pánvi orestujte italskou petrželku na 1 lžičce olivového oleje a 1 lžíci dušené tekutiny.

g) Plátky celeru položte na plech s kapkou dušené tekutiny, ochuťte solí a pepřem a pečte při 350 stupních 3 až 4 minuty, aby se znovu zahřál. Na talíř položíme 1 plátek celerového kořene a poklademe směsí hub a celeru.

h) Nahoru položte kousek petrželky a zakryjte dalším kouskem celeru. Okraje celeru přitlačte k sobě a do každého rohu položte malé špetky dušené italské petrželky.

i) Okraje každého talíře zakápněte Red Wine Reduction.

38.Kaštanové A Sladké Bramborové gnocchi

SLOŽENÍ:
NOKY
- 1 + ½ šálku pečených sladkých brambor
- ½ šálku kaštanové mouky
- ½ šálku ricotty z plnotučného mléka
- 2 lžičky košer soli
- ½ hrnku bezlepkové mouky
- Bílý pepř podle chuti
- Uzená paprika dle chuti

HOUBOVÉ A Kaštanové RAGU
- 1 šálek žampionu, nakrájený na 4
- 2-3 žampiony portobello, nakrájené na jemné proužky
- 1 tác hub shimeji (bílé nebo hnědé)
- ⅓ šálku kaštanu, nakrájeného na kostičky
- 2 lžíce másla
- 2 šalotky, nakrájené nadrobno
- 2 stroužky česneku, jemně nasekané
- 1 lžička rajčatové pasty
- Bílé víno (podle chuti)
- Kosher sůl (podle chuti)
- 2 lžíce čerstvé šalvěje, nasekané nadrobno
- Petržel podle chuti

DOKONČIT
- 2 lžíce olivového oleje
- Parmazán (podle chuti)

INSTRUKCE:
NOKY
a) Předehřejte troubu na 380 stupňů.

b) Batáty celé propíchejte vidličkou.

c) Sladké brambory položte na pečicí papír s okrajem a opékejte asi 30 minut, nebo do změknutí. Necháme mírně vychladnout.

d) Batáty oloupeme a přendáme do kuchyňského robotu. Pyré do hladka.

e) Ve velké míse smíchejte suché ingredience (kaštanovou mouku, sůl, bezlepkovou mouku, bílý pepř a uzenou papriku) a nechte je stranou.

f) Přesuňte batátové pyré do velké mísy. Přidejte ricottu a přidejte ¾ sušené směsi. Těsto přemístěte na silně pomoučněnou pracovní plochu a opatrně vmíchejte další mouku, dokud se těsto nespojí, ale bude stále velmi měkké.

g) Těsto rozdělte na 6-8 kousků a z každého kusu vyválejte provaz o tloušťce 1 palec.

h) Nakrájejte provazy na 1-palcové délky a poprašte každý kus bezlepkovou moukou.

i) Každý gnocchi válejte proti hrotům pomoučené vidličky, abyste vytvořili malé prohlubně.

j) Uchovávejte jej na tácu v chladiči, dokud nebudete připraveni jej použít.

HOUBOVÉ A Kaštanové RAGU

k) Na rozpálené pánvi rozpustíme máslo a přidáme špetku soli.

l) Přidejte šalotku, česnek a šalvěj a restujte 10 minut, dokud nebudou šalotky průsvitné.

m) Přidejte všechny houby a za stálého míchání restujte na vysoké teplotě.

n) Přidejte rajčatový protlak a bílé víno a nechte zredukovat, dokud houby nezměknou a nezměknou.

o) Na ragu dejte čerstvou nasekanou petrželku a na kostičky nakrájené kaštany. Dát stranou.

DOKONČIT

p) Přiveďte k varu velký hrnec s osolenou vodou. Přidejte batátové noky a vařte, dokud nevyplavou na povrch, asi 3-4 minuty.

q) Pomocí děrované lžíce přendejte noky na velký talíř. Opakujte se zbývajícími noky.

r) Ve velké pánvi rozpusťte 2 lžíce olivového oleje.

s) Přidejte noky za mírného míchání, dokud noky nezkaramelizují.

t) Přidejte houbové ragú a přidejte několik lžic vody z noků.

u) Jemně promíchejte a nechte 2-3 minuty vařit na vysoké teplotě.

v) Navrch podáváme posypané parmazánem.

39.Sušená Rajčata A Feta Portobellos

SLOŽENÍ:

- 4 velké houby Portobello
- ½ šálku rozdrobeného sýra feta
- ¼ šálku nakrájených sušených rajčat
- ¼ šálku nasekané čerstvé petrželky
- 1 stroužek česneku, nasekaný
- ¼ šálku strouhanky
- Sůl a pepř na dochucení

INSTRUKCE:

a) Předehřejte troubu na 375 °F.

b) Houby Portobello očistíme a zbavíme stopek.

c) V misce smícháme rozdrobený sýr feta, nakrájená sušená rajčata, nasekanou čerstvou petrželku, prolisovaný česnek, strouhanku, sůl a pepř.

d) Směsí naplňte každou houbu.

e) Naplněné houby položte na plech.

f) Pečte 20–25 minut, nebo dokud houby nezměknou a sýr se nerozpustí.

g) Podávejte horké.

40.Houbové Tacos S Chipotle Smetanou

SLOŽENÍ:

- 1 střední červená cibule, nakrájená na tenké plátky
- 1 velká houba portobello, nakrájená na ½-palcové kostky
- 6 stroužků česneku, mletého
- Mořská sůl podle chuti
- 12 6palcových kukuřičných tortil
- 1 šálek smetanové omáčky Chipotle
- 2 šálky nakrájeného římského salátu
- ½ šálku nasekaného čerstvého koriandru

INSTRUKCE:

a) Rozpalte velkou pánev na středně vysokou teplotu.

b) Přidejte červenou cibuli a houby portobello a za stálého míchání opékejte 4 až 5 minut.

c) Přidávejte vodu po 1 až 2 polévkových lžících, aby se cibule a houby nelepily.

d) Přidejte česnek a vařte 1 minutu. Dochutíme solí.

e) Zatímco se houby vaří, přidejte 4 tortilly na nepřilnavou pánev a několik minut je zahřívejte, dokud nezměknou.

f) Otočte je a zahřívejte ještě 2 minuty. Odstranit

41.Rajčatové rizoto & Portobello houba

SLOŽENÍ:

- 1 libra Čerstvá rajčata; rozpůlené a nasazené
- Pokapeme olivovým olejem
- Sůl
- Čerstvě mletý černý pepř
- 4 houby Portobello; odstopkoval a vyčistil
- 1 libra veganského sýra; nakrájený
- 1 lžíce olivového oleje
- 1 šálek nakrájené cibule
- 6 šálků vody
- 1 lžička nasekaného česneku
- 1 libra rýže Arborio
- 1 lžíce nesoleného rostlinného másla
- ¼ šálku smetany na rostlinné bázi
- 3 lžíce nakrájené zelené cibule

INSTRUKCE:

a) Předehřejte gril na 400 stupňů. V míse promícháme rajčata s olivovým olejem, solí a pepřem. Položte na gril a opékejte 2 až 3 minuty z každé strany. Sundejte z grilu a dejte stranou. Předehřejte troubu na 400 stupňů.

b) Houbu portobello položte na plech vyložený pečicím papírem, dutinou nahoru. Obě strany žampionů pokapejte olivovým olejem.

c) Obě strany dochuťte solí a pepřem. Na každou dutinu houby vějířujte čtvrtinu veganského sýra.

d) Vložte do trouby a pečte, dokud žampiony nezměknou a sýr bublající asi 10 minut. Na pánvi na mírném ohni rozehřejte olivový olej.

e) Přidejte cibuli. Dochuťte solí a pepřem. Smažte, dokud cibule mírně nezměkne, asi 3 minuty.

f) Přidejte vodu a česnek. Směs přiveďte k varu, snižte teplotu na střední a vařte asi 6 minut.

g) Přidejte rýži a za stálého míchání vařte, dokud není směs krémová a bublinková, asi 18 minut. Vmíchejte rostlinné máslo, rostlinnou smetanu, veganský sýr a zelenou cibulku.

h) Za stálého míchání dusíme asi 2 minuty. Sundejte z plotny a vmíchejte rajčata. Chcete-li podávat, nakrájejte každé portobello na čtvrtiny. Do každé servírovací misky nandejte rizoto. Na rizoto položte 2 plátky portobello.

i) Ozdobte petrželkou.

42.Houbový guláš

SLOŽENÍ:

- 1 lžíce olivového oleje
- 1 velká žlutá cibule, nakrájená
- 3 stroužky česneku, nasekané
- 1 velký červenohnědý brambor, nakrájený na 1/2-palcové kostky
- 4 velké houby Portobello, lehce opláchnuté, osušené a nakrájené na 1-palcové kousky
- 1 lžíce rajčatového protlaku
- 1/2 šálku suchého bílého vína
- 11/2 lžičky sladké maďarské papriky
- 1 lžička kmínu
- 11/2 šálku čerstvého nebo konzervovaného kysaného zelí, okapaného
- 11/2 šálku zeleninového vývaru, domácího (viz Světlý zeleninový vývar) nebo z obchodu, případně vody Sůl a čerstvě mletý černý pepř
- 1/2 šálku veganské zakysané smetany, domácí (viz Tofu zakysaná smetana) nebo z obchodu

INSTRUKCE:

a) Ve velkém hrnci rozehřejte olej na středním plameni. Přidejte cibuli, česnek a brambory. Přikryjte a vařte do změknutí, asi 10 minut.

b) Přidejte houby a vařte odkryté ještě 3 minuty. Vmíchejte rajčatový protlak, víno, papriku, kmín a kysané zelí. Přidejte vývar a přiveďte k varu, poté stáhněte plamen na minimum a dochuťte solí a pepřem podle chuti.

c) Přiklopte a vařte, dokud zelenina nezměkne a nerozvine se chuť, asi 30 minut.

d) Do malé misky nalijte asi 1 šálek tekutiny. Přidejte zakysanou smetanu, míchejte, aby se promíchala. Směs zakysané smetany vmícháme zpět do hrnce a ochutnáme, v případě potřeby dochutíme.

e) Ihned podávejte.

43.Portobellos zabalené v pečivu

SLOŽENÍ:

- 5 velkých hub Portobello, lehce opláchnuté a osušené
- 2 lžíce olivového oleje
- 1 střední svazek zelené cibule, nakrájené
- 1/2 šálku jemně nasekaných vlašských ořechů
- 1 lžíce sójové omáčky
- 1/2 šálku suché nekořeněné strouhanky
- 1/2 lžičky sušeného tymiánu
- Sůl a čerstvě mletý černý pepř
- 1 plát mraženého listového těsta, rozmražené

INSTRUKCE:

a) Houby odstopkujte a rezervujte. Opatrně z hub oškrábejte žábry a 4 kloboučky hub odložte stranou. Nakrájejte pátou houbu a odložené stonky a dejte stranou.

b) Ve velké pánvi rozehřejte na středním plameni 1 lžíci oleje. Přidejte nakrájené houby, zelenou cibulku a vlašské ořechy a vařte za stálého míchání 5 minut. Přendejte do velké mísy a nechte vychladnout.

c) Ve stejné pánvi rozehřejte zbývající 1 lžíci oleje. Přidejte odložené kloboučky hub a vařte, dokud mírně nezměknou. Zalijeme sójovou omáčkou a vaříme, dokud se tekutina neodpaří. Dejte stranou na papírové ubrousky, aby vychladly a slily veškerou tekutinu.

d) Do uvařené houbové směsi přidejte strouhanku, tymián a podle chuti osolte a opepřete. Dobře promíchejte a poté odstavte, dokud úplně nevychladne. Předehřejte troubu na 425 °F.

e) Plát listového těsta rozložíme na lehce pomoučněnou pracovní plochu a rozčtvrtíme. Každý kousek těsta mírně rozválejte, abyste vytvořili čtverec o velikosti 5 palců.

f) Vycentrujte každý klobouk houby na čtverečku pečiva, žábrou nahoru. Do každé houbové čepice vtlačíme jednu čtvrtinu nádivkové směsi. Těsto přeložte přes každou houbu, abyste ji přiložili, mírně se překrývají. Okraje k sobě přitiskněte, aby se utěsnily. Položte svazky švem dolů na plech.

g) Pomocí malého nože vyřízněte několik malých otvorů pro páru v horní části pečiva.

h) Pečte dozlatova, asi 12 minut.

i) Ihned podávejte.

44.Portobello plněné brambory a artyčoky

SLOŽENÍ:

- 1 libra brambor Yukon Gold, oloupaných a nakrájených na 1/2-palcové kostky
- 1 lžíce veganského margarínu
- 2 lžíce výživného droždí
- Sůl a čerstvě mletý černý pepř
- 11/2 šálků konzervovaných nebo vařených mražených artyčokových srdcí
- 2 lžíce olivového oleje
- 1/2 šálku mleté cibule
- 3 stroužky česneku, nasekané
- 1 lžička mletého čerstvého tymiánu nebo 1/2 lžičky sušeného
- 4 velké kloboučky hub Portobello, lehce opláchnuté a osušené

INSTRUKCE:

a) Brambory vařte v páře do měkka, asi 15 minut. Uvařené brambory přendejte do velké mísy. Přidejte margarín, nutriční droždí a sůl a pepř podle chuti. Dobře rozmačkejte. Uvařená nebo konzervovaná artyčoková srdíčka nakrájíme nadrobno a přidáme k bramborám. Promíchejte, aby se spojily a dejte stranou.

b) Předehřejte troubu na 375 °F. Pekáč o rozměrech 9 x 13 palců lehce naolejujte a dejte stranou. Ve velké pánvi rozehřejte na středním plameni 1 lžíci oleje. Přidejte cibuli, přikryjte a vařte do změknutí, asi 5 minut.

c) Přidejte česnek a vařte odkryté o 1 minutu déle. Přidejte tymián a podle chuti osolte a opepřete. Vařte 5 minut, aby se chutě propojily.

d) Vmíchejte cibulovou směs do bramborové směsi a míchejte, dokud se dobře nespojí.

e) Okrajem lžičky vyškrábejte a vyhoďte hnědé žábry ze spodní strany kloboučků hub. Opatrně lžící nalijte nádivkovou směs do kloboučků hub, pevně je zabalte a uhlaďte vršky.

f) Naplněné houby přendejte do připraveného pekáče a pokapejte zbylou 1 lžící oleje.

g) Posypeme paprikou, pevně přikryjeme alobalem a pečeme, dokud houby nezměknou a nádivka není horká, asi 20 minut.

h) Odkryjeme a vaříme, dokud nádivka lehce nezhnědne, asi o 10 minut déle. Ihned podávejte.

45.Vepřové klobásy s houbami

SLOŽENÍ:

- 2 velké houby Portobello
- 6 uncí vepřové klobásy
- ½ šálku omáčky marinara
- ½ šálku sýru ricotta z plnotučného mléka
- ½ šálku plnotučného mléka mozzarella, nastrouhaný
- ¼ šálku petrželky, nasekané

INSTRUKCE:

a) Každou houbu naplňte vepřovou klobásou.
b) Na klobásy položte sýr ricotta a uprostřed vyřízněte důlek.
c) Sýr ricotta pokapeme omáčkou marinara.
d) Pokryjte mozzarellou a vložte houby do instantního hrnce.
e) Zajistěte víko, zvolte funkci „ruční" a vařte 35 minut při vysokém tlaku.
f) „Přirozené uvolnění" páry a poté sejměte víko.
g) Ihned podávejte.

46.Dýně Farro Pilaf s Portobellos

SLOŽENÍ:

- 1 šálek rychlého vaření farro
- 1 šálek cukrové dýně, nakrájený na 1/2 palcové kousky
- 1 šálek žampionů portobello, mletých
- 1 střední cibule
- 2 hrnky kuřecího vývaru
- 3 stroužky prolisovaného česneku
- 1 polévková lžíce olivového oleje
- 1/2 lžičky kurkumy
- 1/4 lžičky uzené papriky
- parmazán
- sůl a pepř na dochucení

INSTRUKCE:

a) Do velké pánve přidejte olivový olej a cibuli. Smažte 5–7 minut na středně nízké teplotě, dokud lehce nezhnědne a nezkaramelizuje

b) A dýně, houby, uzená paprika a česnek. Pokračujte v restování po dobu 5 minut, dokud houby nezměknou.

c) Přidejte farro, šalvěj a 2 šálky kuřecího vývaru (veganský vývar). Vařte na mírném ohni 15 minut, dokud tekutina neprosákne. Vypněte a přikryjte pokličkou. Necháme v páře dalších 10 minut.

d) Dochuťte solí a pepřem podle chuti. Načechraný vidličkou, navrch posypte parmazánem a ještě šalvějí.

47.Grilovaná Klobása A Portobello

SLOŽENÍ:

- 2 libry rajčat; poloviční
- 1 velká houba Portobello
- 1 lžíce rostlinného oleje
- 1 lžička soli; rozdělený
- 1 libra Sladké italské klobásy
- 2 lžíce olivového oleje
- 1 lžička mletého česneku
- ¼ lžičky tymiánu
- ¼ lžičky čerstvě mletého pepře
- 1 libra Rigatoni

INSTRUKCE:

a) Rozpalte gril

b) Rajčata a houby potřete rostlinným olejem a dochuťte ½ lžičky soli. Grilujte na středně horkém ohni do měkka, 5 až 10 minut u rajčat a 8 až 12 minut u hub, jednou otočte. Párky grilujte 15 až 20 minut, jednou otočte.

c) Nakrájená rajčata; segment klobásy a houby; Přejděte na velký talíř. Vmíchejte olivový olej, česnek, zbývající ½ lžičky soli, tymián a pepř.

d) Smíchejte s horkým rigatoni.

48.Portobello Florentine

SLOŽENÍ:
- 1 várka grilovaných žampionů Portobello
- 2 šálky růžičky květáku (z ½ střední hlávky)
- ¼ šálku zeleninového vývaru nebo zeleninového vývaru s nízkým obsahem sodíku
- 2 lžíce čerstvé citronové šťávy
- ⅛ lžičky kajenského pepře
- 1 libra čerstvého špenátu
- Sůl a čerstvě mletý černý pepř podle chuti

INSTRUKCE:
a) Smíchejte květák, zeleninový vývar, citronovou šťávu a kajenský pepř ve středním hrnci a přiveďte k varu na vysoké teplotě. Snižte teplotu na střední a vařte, dokud květák nezměkne, asi 8 až 10 minut. Směs rozmixujte na pyré ponorným mixérem nebo ji přendejte do mixéru s přiléhavým víkem a přikryjte utěrkou, rozmixujte na krém a vraťte holandskou květákovou omáčkou do pánve, aby zůstala teplá.

b) Přidejte špenát do velkého hrnce s ¼ šálku vody. Vařte zakryté na středně mírném ohni, dokud špenát nezvadne. Scedíme a dochutíme solí a pepřem.

c) Chcete-li podávat, položte grilovanou houbu Portobello na každý ze čtyř jednotlivých talířů a rozdělte špenát mezi houby. Špenát přelijte lžící omáčkou a podávejte horké.

49.Goji Bobule A špenátem plněné houby

SLOŽENÍ:

- Velké houby (jako cremini nebo portobello)
- 1 šálek čerstvého špenátu, nakrájeného
- 1/4 šálku goji bobule
- 1/4 šálku strouhanky
- 2 lžíce strouhaného parmazánu
- 2 lžíce nasekané čerstvé petrželky
- Sůl a pepř na dochucení

INSTRUKCE:

a) Předehřejte troubu na 375 °F (190 °C) a vyložte plech pečicím papírem.

b) Houby zbavíme stopek a dáme stranou.

c) V misce smíchejte nakrájený špenát, goji, strouhanku, parmazán, petržel, sůl a pepř.

d) Naplňte každý klobouk houby směsí špenátu a goji.

e) Naplněné houby položte na připravený plech.

f) Pečte 15–20 minut nebo dokud houby nezměknou a náplň nezezlátne.

g) Vyjměte z trouby a před podáváním je nechte mírně vychladnout.

50.Portobellos, Krevety A Farro Misky

SLOŽENÍ:

- 1 šálek (165 g) perleťového farro
- 2½ šálku (590 ml) vody
- Kosher sůl a čerstvě mletý pepř
- 2 velké klobouky žampionů portobello, nakrájené na ½ palce (1,3 cm) silné plátky
- 2 střední cukety, nakrájené na kolečka o tloušťce 1,3 cm
- 1 červená paprika zbavená jádřinců a nakrájená na tenké plátky
- 3 polévkové lžíce (45 ml) avokáda nebo extra panenského olivového oleje, rozdělené
- 2 polévkové lžíce (30 ml) balzamikového octa
- 1 lžička (6 g) medu 2 stroužky česneku, mletý
- 1 libra (455 g) krevet, oloupaných a zbavených žilek
- Mikrozelená
- ½ šálku (120 ml) avokádové omáčky

INSTRUKCE:

a)   Předehřejte troubu na 400 °F (200 °C nebo plynová značka 6).

b)   Přidejte farro, vodu a štědrou špetku soli do střední pánve. Přiveďte k varu, poté snižte teplotu na minimum, přikryjte a vařte, dokud farro nezměkne s mírným žvýkáním, asi 30 minut.

c)   Mezitím promíchejte houby, cuketu a papriku se 2 lžícemi (30 ml) oleje, solí a pepřem. Rozprostřete v jedné vrstvě na vymazaný plech. Pečte, dokud nezměkne a lehce zhnědne, asi 20 minut, v polovině otočte.

d)   V malé misce prošlehejte balzamikový ocet a med; dát stranou. Zahřejte zbývající 1 lžíci (15 ml) oleje ve velké pánvi na středně vysokou teplotu. Přidejte česnek a vařte za stálého míchání, dokud nebude voňavý, asi 30 sekund. Vlijte směs balsamica a medu, přidejte krevety a promíchejte, aby se obalil. Vařte za občasného promíchání, dokud nebude neprůhledný a provařený, 3 až 5 minut.

e)   Chcete-li podávat, rozdělte farro do misek. Navrch poklaďte pečenou zeleninou, krevetami a mikrozeleninou, poté pokapejte avokádovou omáčkou.

51.Hovězí houbová karbonáda

SLOŽENÍ:

- 2 polévkové lžíce plus 1-1/2 lžičky řepkového oleje, rozdělené
- 1-1/2 libry hovězího dušeného masa, nakrájeného na 1-palcové kostky
- 3/4 lžičky soli
- 1/4 lžičky plus 1/8 lžičky pepře
- 3 střední cibule, nakrájené
- 1-1/4 libry hub portobello, stonky odstraněné, nakrájené na 3/4-palcové kostky
- 4 stroužky česneku, nasekané
- 2 lžíce rajčatového protlaku
- 1/2 libry čerstvé baby mrkve
- 1 silný plátek jednodenního žitného chleba, rozdrobený (asi 1-1/2 šálku)
- 3 bobkové listy
- 1-1/2 lžičky sušeného tymiánu
- 1 lžička granulí hovězího bujónu
- 1 láhev (12 uncí) světlého piva nebo hovězího vývaru
- 1 šálek vody
- 1 unce hořkosladké čokolády, nastrouhané

INSTRUKCE:

a) Otočte teplo na 325 ° pro předehřátí. Zahřejte 2 lžíce oleje v holandské troubě na středně vysokou teplotu. Hovězí maso okořeníme pepřem a solí; vaříme po dávkách do zhnědnutí. Vyjměte vařené hovězí maso pomocí děrované lžíce. Snižte teplotu na střední. Cibuli opékejte po kapkách za častého míchání asi 8 minut do tmavě zlatohnědé barvy. Vmíchejte zbývající olej; přidáme česnek a houby.

b) Dusíme, dokud nepustí tekutina a houby nezačnou hnědnout.

c) Smíchejte v rajčatovém protlaku.

d) Přidejte bujón, tymián, bobkové listy, chléb a mrkev. Nalijte vodu a pivo; dobře promíchejte, aby se z pánve uvolnily opečené kousky. Přivést k varu; přidejte hovězí maso zpět do pánve.

e) Přikryjte a pečte 2 hodiny až 2 hodiny a 15 minut, dokud maso nezměkne. Vyjměte pánev; odstranit bobkové listy. Vmícháme čokoládu, dokud se nerozpustí.

52.Northwoods hovězí guláš

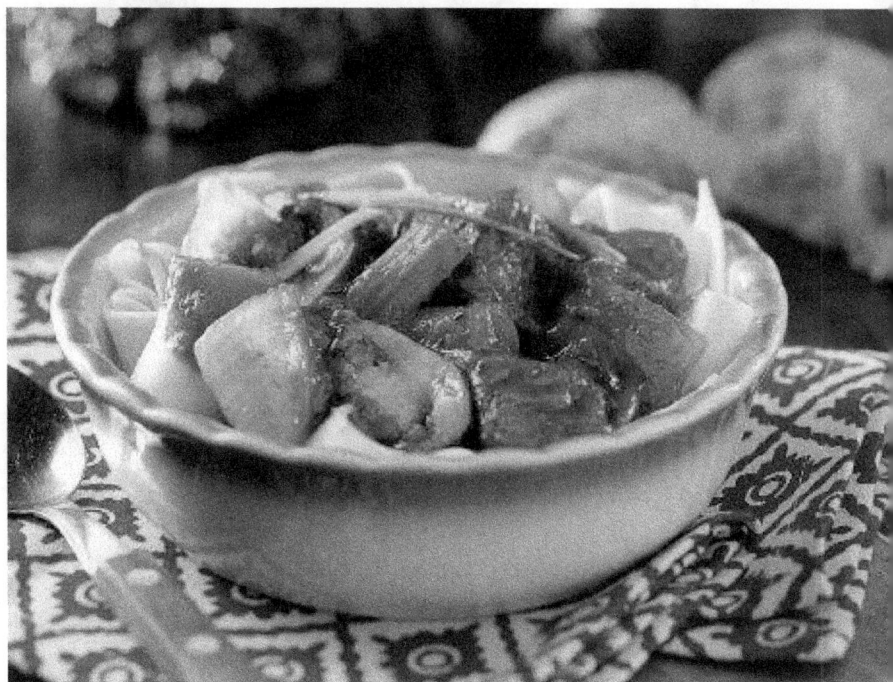

SLOŽENÍ:

- 3 velké mrkve, nakrájené na 1-palcové kousky
- 3 celerová žebra, nakrájená na 1-palcové kousky
- 1 velká cibule, nakrájená na měsíčky
- 1/4 šálku univerzální mouky
- 1/2 lžičky soli
- 1/4 lžičky pepře
- 3-1/2 libry hovězího dušeného masa
- 1 plechovka (10-3/4 unce) kondenzovaná rajčatová polévka, neředěná
- 1/2 šálku suchého červeného vína nebo hovězího vývaru
- 2 polévkové lžíce tapioky pro rychlé vaření
- 1 lžíce italského koření
- 1 lžíce papriky
- 1 lžíce hnědého cukru
- 1 lžíce granulí hovězího bujónu
- 1 lžíce worcesterské omáčky
- 1/2 libry nakrájených baby portobello žampionů
- Horké vařené vaječné nudle

INSTRUKCE:

a) Vložte cibuli, celer a mrkev do 5litrového pomalého hrnce. Smíchejte pepř, sůl a mouku ve velkém uzavíratelném plastovém sáčku. Najednou přidejte několik kousků hovězího masa a protřepejte, dokud se obal nepokryje. Na zeleninu položte obalené hovězí maso.

b) Smíchejte worcesterskou omáčku, bujon, hnědý cukr, papriku, italské koření, tapioku, víno a polévku v malé misce. Nalévat

c) směs navrch.

d) Vařte zakryté na nízkém stupni, dokud hovězí maso a zelenina nezměknou, asi 8 až 10 hodin, během poslední hodiny přidejte houby. Podávejte spolu s nudlemi.

53.Dračí ovoce plněné žampiony Portobello

SLOŽENÍ:

- 4 velké houby Portobello
- 1 dračí ovoce, oloupané a nakrájené na kostičky
- 1 šálek vařené quinoa nebo rýže
- 1/4 šálku rozdrobeného sýra feta
- 2 lžíce nasekané čerstvé bazalky
- 2 lžíce balzamikové glazury
- Sůl a pepř na dochucení

INSTRUKCE:

a) Předehřejte troubu na 375 °F (190 °C).

b) Z hub Portobello odstraňte stonky a očistěte je.

c) V misce smíchejte na kostičky nakrájené dračí ovoce, vařenou quinou nebo rýži, rozdrobený sýr feta, nasekanou čerstvou bazalku, balzamikovou polevu, sůl a pepř.

d) Dobře promíchejte, dokud se všechny ingredience nespojí.

e) Naplňte každou houbu Portobello směsí dračího ovoce.

f) Naplněné houby dejte na plech vyložený pečicím papírem.

g) Pečte v předehřáté troubě 20–25 minut nebo dokud houby nezměknou a náplň se neprohřeje.

h) Plněné žampiony Portobello podávejte jako chutný a uspokojující hlavní chod.

54.Houbové sýrové steaky

SLOŽENÍ:

- 2 lžíce nesoleného másla
- 1 velká žlutá cibule, nakrájená na tenké plátky
- 1 lžíce sójové omáčky s nízkým obsahem sodíku
- 4 houby Portobello, nakrájené na plátky
- 2 stroužky česneku, jemně nasekané
- 2 poblano papriky, nakrájené na plátky
- 1 červená paprika, nakrájená na plátky
- 1 lžíce nasekaného čerstvého oregana
- Kosher sůl a čerstvě mletý pepř
- 4 hoagie rohlíky, půlené
- 4 plátky sýra provolone
- Yum Yum omáčka

INSTRUKCE:

a) V hrnci pomalého hrnce smíchejte máslo, cibuli a sójovou omáčku. Přidejte houby, česnek, papriku poblano, papriku, oregano a špetku soli a pepře. Přikryjte a vařte, dokud zelenina nezměkne, asi 4 hodiny na nízkou teplotu, 2 až 3 hodiny na vysokou.

b) Předehřejte troubu na 400 °F.

c) Houby a papriky rozdělte na hoagie rohlíky a posypte je sýrem provolone. Každý hoagie zabalte do listu pergamenu, poté do fólie a položte přímo na mřížku trouby, dokud se sýr nerozpustí, asi 5 minut.

d) Ihned podávejte s yum yum omáčkou na boku, pokud chcete.

55.Grilované žampiony s fenyklovým salátem a cibulovými kroužky

SLOŽENÍ:

- 100 ml barbecue omáčky
- 2 lžičky chipotle pasty
- 4 houby Portobello, stopky odstraněné
- Rostlinný olej, na smažení
- Na fenyklový salát
- 80 g fenyklu, nakrájeného nadrobno
- 80 g červeného zelí, nakrájeného najemno
- 80 g mrkve, nastrouhané
- 3 lžíce majonézy
- 1 lžíce bílého vinného octa
- Mořská sůl a čerstvě mletý černý pepř
- Na cibulové kroužky
- 150 g samokypřící mouky
- 1 lžička sušeného tymiánu
- 1 lžička česnekových granulí
- 225 ml studené perlivé vody
- 1 malá cibule, oloupaná a nakrájená na tenké plátky

INSTRUKCE:

a) Předehřejte troubu na 200°C/180°C horkovzdušnou/plyn 6. Postavte pánev na vysokou teplotu.

b) V misce smíchejte grilovací omáčku a chipotle pastu. Pomocí štětce potřeme obě strany žampionů omáčkou. Položte houby na pánev na 2–3 minuty z každé strany, nebo dokud nebudou mít ohořelé čáry.

c) Mezitím dejte všechnu zeleninu na zápražku do velké mísy s majonézou a octem. Dochuťte solí a pepřem, dobře promíchejte a odstavte.

d) Přeneste houby na pekáč spolu s grilovací omáčkou zbývající v misce. Vložte do trouby na 10–12 minut.

e) Naplňte malou pánev do poloviny rostlinným olejem a umístěte na vysokou teplotu.

f) Mezitím si do mísy dejte mouku, tymián a česnek a dochuťte solí a pepřem. Všlehejte perlivou vodu na těsto, poté přidejte kolečka cibule a opatrně promíchejte, aby se obalila.

g) Jakmile olej dosáhne 180–190 °C nebo kapka těstíčka okamžitě zaprská, opatrně přidejte čtyři nebo pět koleček cibule a opékejte 2–3 minuty, nebo do zlatova z obou stran. Necháme okapat na kuchyňském papíře a zbylé kroužky uvaříme stejným způsobem.

h) Na servírovací talíře rozdělte houby, zelný salát a kolečka cibule. Před podáváním posypte kroužky trochou soli navíc.

56.Rajčatové rizoto A houby

SLOŽENÍ:

- 1 libra Čerstvá rajčata; rozpůlené a nasazené
- Pokapeme olivovým olejem
- Sůl
- Čerstvě mletý černý pepř
- 4 média Portobello houby; odstopkoval a vyčistil
- 1 libra Čerstvý sýr mozzarella; nakrájený
- 1 polévková lžíce Olivový olej
- 1 šálek Nakrájená cibule
- 6 šálků Voda
- 1 lžička Nasekaný česnek
- 1 libra Rýže Arborio
- 1 polévková lžíce Nesolené máslo
- ¼ šálku Vysokoprocentní smetana
- ½ šálku čerstvě nastrouhaného sýra Parmigiano-Reggiano
- 3 polévkové lžíce Nakrájená zelená cibule;

INSTRUKCE:

a) Předehřejte gril na 400 stupňů. V míse promícháme rajčata s olivovým olejem, solí a pepřem. Položte na gril a opékejte 2 až 3 minuty z každé strany. Sundejte z grilu a dejte stranou. Předehřejte troubu na 400 stupňů.

b) Položte houbu Portobello na pečicí papír vyložený pečicím papírem, dutinou nahoru. Obě strany žampionů pokapejte olivovým olejem.

c) Obě strany dochuťte solí a pepřem. Na každou dutinu houby vějířujte čtvrtinu sýra.

d) Vložte do trouby a pečte, dokud houby nezměknou a sýr bublající, asi 10 minut. Zahřejte olivový olej ve velké pánvi na středním plameni.

e) Přidejte cibuli. Dochuťte solí a pepřem. Smažte, dokud cibule mírně nezměkne, asi 3 minuty.

f) Přidejte vodu a česnek. Směs přiveďte k varu, snižte teplotu na střední a vařte asi 6 minut.

g) Přidejte rýži a za stálého míchání vařte, dokud není směs krémová a bublinková, asi 18 minut. Vmíchejte máslo, smetanu, sýr a zelenou cibulku.

h) Za stálého míchání dusíme asi 2 minuty. Sundejte z plotny a vmíchejte rajčata.

57.Nový Zéland Maso A Houbový Koláč

SLOŽENÍ:

K NÁPLNĚ:

- 1/4 šálku (60 ml) rostlinného oleje
- O něco více než 1 lb (500 g) mletého hovězího masa
- 1 cibule, nakrájená nadrobno
- 2 stroužky česneku, velmi jemně nasekané
- 2 velké žampiony Portobello, nakrájené nadrobno
- 2 mrkve, oloupané a nakrájené na kostičky
- 2 stonky celeru, zbavené nití a nakrájené na plátky
- 1 malá hrst petrželky, nasekané nadrobno
- 1 malá hrst celerových listů, nasekaných nadrobno
- 1 lžíce jemně nasekaného čerstvého měkkého tymiánu
- 1 lžíce čerstvého rozmarýnu, nasekaného najemno
- 1/2 lžíce horké anglické hořčice
- 2 lžíce rajčatového protlaku
- 1/4 lžičky mletých listů Horopito nebo podle chuti
- 1 1/4 lžičky (7 g) vloček mořské soli Maldon
- 3 3/4 lžičky (20 g) kukuřičného škrobu
- 2 1/2 libry (1,2 kg) máslového listového těsta
- 1 šálek (120 g) nahrubo nastrouhaného čedaru
- 1 vejce, lehce rozšlehané

PRO BOHATÝ ZÁSOB HOVĚZÍHO:

- 1 1/2 lžíce rostlinného oleje
- 10 1/2 unce (300 g) hovězího šrotu, nakrájeného na kostky
- 3 1/2 unce (100 g) kus slaniny nakrájený na 3 cm kostky
- 1 cibule, neoloupaná, nakrájená na tenké plátky
- 5 stroužků česneku, neloupaných, rozpůlených
- 6 snítek tymiánu
- 3 čerstvé bobkové listy
- 1 lžička zrnek černého pepře
- 1/4 šálku (65 ml) brandy
- 6 1/2 šálků (1 1/2 litru) nejkvalitnějšího kuřecího vývaru

INSTRUKCE:
PŘIPRAVTE BOHATÝ HOVĚZÍ NÁDOB:
a) Ve velkém hrnci rozehřejte rostlinný olej a hnědé hovězí zbytky a slaninu. Přidejte nakrájenou cibuli, česnek, tymián, bobkové listy a kuličky černého pepře. Vařte, dokud cibule nezměkne. Přidejte brandy a vařte, dokud se neodpaří.
b) Zalijte kuřecím vývarem a vařte asi 1 hodinu. Scedíme a dáme stranou.

PŘIPRAVTE NÁPLŇ:
c) Ve velké pánvi rozehřejte rostlinný olej. Přidejte mleté hovězí maso a vařte do zhnědnutí. Přidejte nakrájenou cibuli, česnek, houby, mrkev a celer. Vařte, dokud zelenina nezměkne.
d) Vmíchejte petržel, celerové listy, tymián, rozmarýn, hořčici, rajčatový protlak, listy horopito (pokud používáte) a sůl. Dobře promíchejte.
e) V troše vody rozpustíme kukuřičný škrob a přidáme ke směsi. Vaříme, dokud směs nezhoustne. Odstraňte z ohně a nechte vychladnout.

SESTAVTE KORÁČ:
f) Předehřejte troubu na teplotu doporučenou pro vaše listové těsto.
g) Listové těsto rozválíme a vyložíme dno koláčové formy. Naplníme vychladlou masovou směsí, navrch posypeme nastrouhaným čedarem.
h) Přikryjeme další vrstvou listového těsta. Okraje uzavřeme a potřeme rozšlehaným vejcem.
i) Pečeme v předehřáté troubě, dokud těsto není zlatohnědé a propečené.
j) Novozélandský Meat Pie podávejte horký s bohatým hovězím vývarem na namáčení.

58.Houbová Omáčka Přes Vaječné Nudle

SLOŽENÍ:

- 3 lžíce olivového oleje
- 1 žlutá cibule, nakrájená
- ½ šálku nakrájeného celeru
- ½ šálku nakrájené mrkve
- 1 libra nakrájených cremini hub
- 12 uncí portobello žampionů, nakrájených na plátky
- 14,5-uncová plechovka pečených rajčat, nakrájených na kostičky a okapaných
- ¾ šálku rajčatové omáčky
- 2 lžičky nasekaného čerstvého rozmarýnu nebo tymiánu
- ½ lžičky košer soli
- ½ lžičky černého pepře
- ¼ šálku suchého červeného vína
- 1 lžíce sojové omáčky s nižším obsahem sodíku
- 8 uncový balíček celozrnných extra širokých vaječných nudlí
- 1 unce parmazánu, strouhaného
- Nasekaná čerstvá plocholistá petržel

INSTRUKCE:

a) Na pánvi na mírném ohni rozehřejte 2 lžíce oleje. Přidejte cibuli, celer a mrkev na pánev; vaříme za stálého míchání, dokud směs nezačne hnědnout, asi 5 minut. Vložte cibulovou směs do Crockpotu.

b) Na pánvi na mírném ohni rozehřejte zbývající 1 lžíci oleje. Přidejte houby; vaříme za stálého míchání do měkka asi 8 minut.

c) Houbovou směs přendejte do kuchyňského robota a asi 5x rozmixujte, dokud nebude hrubě nasekaná. Přidejte houby, rajčata, rajčatovou omáčku, rozmarýn, sůl a pepř do Crockpotu. Vmíchejte víno a sójovou omáčku. Pomalu vařte zakryté, dokud směs mírně nezhoustne, asi 6 hodin.

d) Mezitím si uvařte vaječné nudle podle návodu na obalu. Podávejte houbovou omáčku přes horké nudle. Každou porci posypte sýrem. Ozdobte petrželkou.

59.Pikantní šálky s uzeným tofu salátem

SLOŽENÍ:

- 2 lžíce rostlinného oleje
- 1 lžíce sezamového oleje
- 1 cibule, oloupaná a nakrájená na kostičky
- 4 stroužky česneku, oloupané a rozdrcené
- 250 g baby kukuřice, nakrájené na silné plátky
- 250 g žampionů Portobello, nakrájených na kostičky
- 2 lžíce rýžového vína Shaoxing
- 400 g uzeného tofu, rozdrobené
- 80 g vodních kaštanů, nahrubo nasekaných
- 3 lžíce sójové omáčky
- 2 lžíce chilli omáčky sriracha
- 1 lžíce rýžového octa
- 2 velké hrsti fazolových klíčků
- Velká hrst koriandru, nahrubo nasekaný
- Sloužit
- 2 listy ledového nebo kulatého salátu nebo 4 lístky malého drahokamu
- 1 červená chilli papřička, zbavená semínek, chcete-li jemnější hit, nakrájená najemno
- Hrst křupavé smažené cibule

INSTRUKCE:

a) Umístěte velký nepřilnavý wok na vysokou teplotu. Při horkém uzení přidejte oleje, poté cibuli a za stálého míchání opékejte 1–2 minuty. Přidejte česnek a kukuřici a za stálého míchání opékejte 1–2 minuty. Přidejte houby a rýžové víno a za stálého míchání opékejte další 2 minuty.

b) Na pánev nasypeme tofu a vmícháme vodní kaštany. Přidejte sójovou omáčku, srirachu a rýžový ocet a před přidáním fazolových klíčků smažte 1–2 minuty. Za stálého míchání smažte další minutu, odstavte z plotny a poté vmíchejte koriandr.

c) Tofu směs podávejte v miskách s listy salátu stranou. Před podáváním posypte červenou chilli papřičkou a křupavou cibulkou.

PIZZA

60.Grilovaná pizza Bílý Portobellos

SLOŽENÍ:

- 1 polévková lžíce Plus 1 čajová lžička česneku; mletý
- panenský olivový olej
- 4 stonky hub portobello 4" vyřazeny
- 20 plátků lilku; řez o tloušťce ⅛".
- 2 šálky Strouhaného sýra fontina volně zabalené
- ¾ šálku čerstvě nastrouhaného parmazánu
- ½ šálku sýra Gorgonzola; rozpadl se
- těsto na pizzu
- ¼ šálku ploché listové petržele; sekaný

INSTRUKCE:

a) Připravte oheň na dřevěné uhlí z tvrdého dřeva a nastavte grilovací rošt 3 až 4 palce nad uhlíky.

b) V misce smíchejte česnek s ¼ šálku olivového oleje. Hojně potřete olejem houby a lilek.

c) V jiné misce smíchejte fontinu, parmazán a gorgonzolu. Zakryjte a ochlaďte. Když se na uhlí začne objevovat bílý popel, oheň je připraven.

d) Kloboučky hub grilujte, dokud nezměknou a neprovaří, asi 4 minuty z každé strany. Plátky lilku grilujte do měkka, asi dvě minuty z každé strany. Kloboučky hub nakrájejte na ⅛ palce silné a dejte stranou s lilkem.

e) Těsto na pizzu rozdělte na čtyři stejné díly. Udržujte 3 kusy zakryté. Na velký, lehce olejem vymazaný pečicí plech bez okraje rozprostřete a zplošťte čtvrtý kus těsta rukama, abyste vytvořili 12palcovou volnou formu kulatou asi 1/16 palce silnou; neudělej ret.

f) Těsto jemně přiklopte na rozpálený gril, během minuty se těsto lehce nafoukne, spodní strana ztuhne a objeví se stopy po grilování.

g) Pomocí kleští ihned překlopte kůrku na rozehřátý plech a potřete olivovým olejem. Jednu čtvrtinu rozmixovaných sýrů, petrželku a grilovanou zeleninu rozetřete na kůrku.

h) Pizzu pokapejte olivovým olejem. Posuňte pizzu zpět směrem k žhavým uhlíkům, ale ne přímo přes sekce, které dostávají vysoké teplo; často kontrolujte spodní stranu, abyste viděli, že se nespaluje. Pizza je hotová, když se sýry rozpustí a zelenina se prohřeje, 3 až 4 minuty.

i) Pizzu podávejte horkou mimo gril. Opakujte postup pro přípravu zbývající pizzy.

61.Mini pizzy Portobello

SLOŽENÍ:

- 1 réva rajče, nakrájené na tenké plátky
- ¼ šálku čerstvé nasekané bazalky
- a pepře s nízkým obsahem sodíku
- 4 unce veganského sýra
- 20 plátků pepře
- 6 lžic olivového oleje
- 4 čepice hub Portobello

INSTRUKCE:

a) Vyškrábněte všechny vnitřky houby.
b) Předehřejte troubu na vysokou teplotu a vnitřky hub potřete olivovým olejem. Dochuťte solí a pepřem.
c) Žampiony opékejte 3 minuty.
d) Houby otočte a potřete olivovým olejem a dochuťte solí a pepřem
.
e) B vařte další 4 minuty.
f) Do každé houby vložte list rajčete a bazalky.
g) Na každou houbu dejte 5 kousků feferonky a veganský sýr.
h) Grilujte další 2 minuty .

62.Portobello A černá Olivová Pizza

SLOŽENÍ:

- 1 těsto na pizzu
- 2 lžíce olivového oleje
- 2 kloboučky hub portobello, nakrájené na ¼-palcové plátky
- 1 lžíce najemno nasekané čerstvé bazalky
- ¼ lžičky sušeného oregana
- Sůl a čerstvě mletý černý pepř
- ½ šálku omáčky na pizzu nebo omáčky marinara

INSTRUKCE:

a) Vykynuté těsto lehce zrovnejte, přikryjte igelitem nebo čistou utěrkou a nechte 10 minut odpočívat.

b) Umístěte rošt trouby na nejnižší úroveň trouby. Předehřejte troubu na 450 °F. Plech na pizzu nebo plech na pečení lehce naolejujte.

c) Uvolněné těsto vyklopte na lehce pomoučněnou pracovní plochu a rukama, často otáčejte a pomoučněte, zpracujte do 12palcového kulatého tvaru. Dávejte pozor, abyste střed nepřepracovali nebo by střed kůrky nebyl příliš tenký. Těsto přendejte do připravené formy na pizzu nebo na plech.

d) V pánvi rozehřejte na mírném ohni 1 lžíci oleje.

e) Přidejte houby a vařte do změknutí, asi 5 minut. Odstraňte z ohně a přidejte bazalku, oregano a sůl a pepř podle chuti. Vmícháme olivy a dáme stranou.

f) Zbylou 1 lžíci oleje rozetřete na připravené těsto na pizzu, konečky prstů jej rovnoměrně rozetřete. Navrch nalijte omáčku na pizzu, kterou rovnoměrně rozprostřete asi ½ palce od okraje těsta. Zeleninovou směs rovnoměrně rozprostřete na omáčku asi ½ palce od okraje těsta.

g) Pečte, dokud není kůrka zlatavě hnědá, asi 12 minut. Pizzu nakrájejte na 8 měsíčků a podávejte horkou.

63.Portobello pizza

SLOŽENÍ:

- 1 střední rajče, nakrájené na plátky
- ¼ šálku bazalky, nasekané
- 20 feferonkových plátků
- 4 kloboučky hub Portobello
- 4 oz sýr mozzarella
- 6 lžic olivového oleje
- Černý pepř
- Sůl

INSTRUKCE:

a) Vyjměte vnitřky hub a vyjměte maso tak, aby zůstala skořápka.

b) Houby potřeme polovinou oleje a ochutíme pepřem a solí; grilujte 5 minut, poté otočte a potřete zbylým olejem. Pečte dalších 5 minut.

c) Přidejte rajče do vnitřku skořápky a navrch dejte bazalku, feferonky a sýr. Grilujte 4 minuty, dokud se sýr nerozpustí.

d) Podávejte teplé.

64.Klasická pizza Margherita Portobello

SLOŽENÍ:

- 4 velké žampiony portobello
- 1 šálek omáčky marinara
- 1 1/2 šálku sýra mozzarella, nastrouhaný
- Listy čerstvé bazalky, na ozdobu
- Sůl a pepř na dochucení

INSTRUKCE:

a) Předehřejte troubu na 400 °F (200 °C).
b) Houby portobello zbavte stopek a položte je na plech.
c) Lžící marinarové omáčky do každé houbové čepice.
d) Omáčku posypte sýrem mozzarella.
e) Dochuťte solí a pepřem podle chuti.
f) Pečte 15–20 minut, nebo dokud se sýr nerozpustí a nezvětší.
g) Před podáváním ozdobte lístky čerstvé bazalky.

65.Bbq kuřecí Portobello Pizza

SLOŽENÍ:

- 4 velké žampiony portobello
- 1 šálek vařeného kuřete, nakrájeného na kousky
- 1/2 šálku červené cibule, nakrájené na tenké plátky
- 1/2 šálku barbecue omáčky
- 1 1/2 šálku sýra čedar, nastrouhaného
- Čerstvý koriandr, nasekaný, na ozdobu

INSTRUKCE:

a) Předehřejte troubu na 400 °F (200 °C).

b) Houby portobello zbavte stopek a položte je na plech.

c) Smíchejte nakrájené kuře s barbecue omáčkou.

d) Do každé houbové čepice vmíchejte grilovací kuřecí směs.

e) Navrch dejte nakrájenou červenou cibuli a sýr čedar.

f) Pečte 15–20 minut nebo dokud se sýr nerozpustí.

g) Před podáváním ozdobte nasekaným koriandrem.

66.Vegetariánské Pesto Portobello Pizza

SLOŽENÍ:
- 4 velké žampiony portobello
- 1/2 šálku pesto omáčky
- 1 šálek cherry rajčat, napůl
- 1/2 šálku černých oliv, nakrájených na plátky
- 1 1/2 šálku sýra feta, rozdrobený
- Čerstvé oregano, na ozdobu

INSTRUKCE:
a) Předehřejte troubu na 400 °F (200 °C).
b) Houby portobello zbavte stopek a položte je na plech.
c) Uvnitř každé houbové čepice rozetřete omáčku pesto.
d) Navrch naaranžujte rozpůlená cherry rajčata a nakrájené černé olivy.
e) Na zeleninu rozdrobíme sýr feta.
f) Pečte 15–20 minut, nebo dokud sýr nezezlátne a nezvoní.
g) Před podáváním ozdobte čerstvým oreganem.

67.Pizza Portobello pro milovníky masa

SLOŽENÍ:

- 4 velké žampiony portobello
- 1 šálek omáčky marinara
- 1/2 šálku plátky feferonky
- 1/2 šálku vařené klobásy, rozdrobené
- 1/2 šálku vařené slaniny, nakrájené
- 1 1/2 šálku sýra mozzarella, nastrouhaný

INSTRUKCE:

a) Předehřejte troubu na 400 °F (200 °C).

b) Houby portobello zbavte stopek a položte je na plech.

c) Lžící marinarové omáčky do každé houbové čepice.

d) Vrstva s plátky feferonky, nadrobenou klobásou a nakrájenou slaninou.

e) Polevy posypeme sýrem mozzarella.

f) Pečte 15–20 minut, nebo dokud se sýr nerozpustí a nezvětší.

g) Před podáváním nechte pizzu mírně vychladnout.

CHLEBÍČKY, BURGERY A WRAY

68.Houbový steak sendvič & pesto

SLOŽENÍ:
- 2 šálky mraženého zahradního hrášku
- 1 šálek listů baby rukoly
- 1 malý stroužek česneku, oloupaný
- ¼ šálku jemně nastrouhaného parmazánu
- ¼ šálku piniových oříšků, pražených
- 3 lžíce extra panenského olivového oleje
- 4 žampiony portobello
- 4 plátky kváskového chleba, opečené
- Řeřicha a nastrouhaná ředkev k podávání

INSTRUKCE:
a) Uvařený hrášek sceďte a ½ hrnku hrášku dejte stranou. Zbývající hrášek, rukolu, česnek, parmazán, piniové oříšky a 2 lžíce oleje dejte do kuchyňského robotu a zpracujte do kaše. Podle chuti okořeníme. Odložený hrášek promícháme s hráškovým pestem.

b) Houby dejte na plech vyložený pečicím papírem a pokapejte zbylým olejem. Vložíme pod rozehřátý gril na vysoký stupeň a opékáme 2 minuty z každé strany, dokud lehce nezhnědne.

c) Hráškové pesto namažeme na chleba, poklademe houbami, řeřichou a ředkvičkami. Ihned podávejte.

69.Houbový burger Portobello

SLOŽENÍ:

- 4 klobouky žampionů portobello
- 2 lžíce balzamikového octa
- 2 lžíce olivového oleje
- 2 stroužky česneku, mleté
- Sůl a pepř na dochucení
- 4 burgerové housky
- Polevy dle vlastního výběru (hlávkový salát, rajčata, sýr atd.)

INSTRUKCE:

a) V mělké misce prošlehejte balzamikový ocet, olivový olej, mletý česnek, sůl a pepř.

b) Kloboučky žampionů portobello vložte do misky a nechte je asi 10 minut marinovat a v polovině je otočte.

c) Předehřejte gril nebo varnou desku na středně vysokou teplotu.

d) Kloboučky hub grilujte asi 4–5 minut z každé strany, dokud nebudou měkké a šťavnaté.

e) Housky burgeru zlehka opečte na grilu nebo v toustovači.

f) Burgery sestavte tak, že na spodní polovinu každé housky položíte čepici grilované houby portobello.

g) Nahoďte své oblíbené polevy.

h) Přikryjeme horní polovinou housky a podáváme.

70.Burger z divokých hub

SLOŽENÍ:

- 2 lžičky olivového oleje
- 1 střední žlutá cibule; jemně nasekané
- 2 šalotky; oloupané a nasekané
- ⅛ lžičky soli
- 1 šálek suchých hub shiitake
- 2 šálky Portobello houby
- 1 balení tofu
- ⅓ šálku opečené pšeničné klíčky
- ⅓ šálku strouhanky
- 2 lžíce Lite sójové omáčky
- 2 lžíce worcesterské omáčky
- 1 lžička tekutého kouřového aroma
- ½ lžičky granulovaného česneku
- ¾ šálku ovsa na rychlé vaření

INSTRUKCE:

a) Na olivovém oleji orestujte cibuli, šalotku a sůl asi 5 minut.

b) Houby shiitake měkčené na stonku; mleté maso s čerstvými houbami v kuchyňském robotu. Přidejte k cibuli.

c) Vařte 10 minut, občas promíchejte, aby se nepřilepily.

d) Houby smícháme s rozmačkaným tofu, přidáme zbylé ingredience a dobře promícháme. Navlhčete ruce, aby se nelepily a nevytvářely placičky.

e) Pečte 25 minut, po 15 minutách jednou otočte.

71.Nakládané houby A Haloumi Burgery

SLOŽENÍ:

- 1 velké avokádo
- Jemně nastrouhaná kůra a šťáva z 1 citronu
- 2 lžíce olivového oleje
- 4 žampiony portobello, stopky oříznuté
- 1 stroužek česneku, rozdrcený
- 4 snítky tymiánu, otrhané listy
- 1 dlouhá červená chilli papřička, zbavená semínek, nakrájená nadrobno
- 1 lžíce medu
- 2 lžíce jablečného octa
- 250 g haloumi, nakrájené na 4 plátky
- 4 burgerové housky, rozpůlené a lehce opečené
- Majonéza a listy divoké rukoly k podávání

INSTRUKCE:

a) Avokádo rozmačkáme vidličkou a okořeníme. Rozmačkané avokádo pokapejte polovinou citronové šťávy a poté dejte stranou.

b) Ve velké pánvi na středním plameni rozehřejte 1 lžíci olivového oleje. Přidejte žampiony portobello, ochuťte pepřem a vařte je asi 6 minut nebo do mírného změknutí.

c) Přidejte zbývající 1 lžíci olivového oleje do pánve spolu s prolisovaným česnekem, lístky tymiánu, nasekaným chilli, citronovou kůrou a zbylou citronovou šťávou. Vařte, otočte houby, aby se obalily, 2 minuty. Poté zakápněte medem, jablečným octem a ½ lžičky soli.

d) Vařte za obracení další 1 minutu, nebo dokud nejsou houby dobře obalené. Odstraňte pánev z ohně.

e) Umístěte další pánev na střední teplotu. Přidejte plátky halloumi a opékejte je za obracení asi 3 minuty nebo dokud nezezlátnou.

SESTAVTE BURGERY:

f) Rozmačkané avokádo rozdělte mezi spodní poloviny opečených burgerových bochánků.

g) Každý navrch dejte plátek halloumi, vařenou houbu portobello, kopeček majonézy, hrst listů divoké rukoly a horní poloviny burgerových housek.

h) Vychutnejte si lahodné hamburgery nakládané na pánvi a Haloumi!

72.Houbové Pesto Burger

SLOŽENÍ:
- 4 kloboučky žampionů Portobello, odstopkované, odstraněné střípky
- Špenátové pesto
- 4 plátky cibule
- 4 plátky rajčat
- 4 celozrnné hamburgerové housky

INSTRUKCE:
a) Předehřejte troubu na 400 °F.
b) Kloboučky žampionů potřete z obou stran pestem, aby se obalily, a položte na pečicí papír s okrajem.
c) Vařte 15 až 20 minut do změknutí.
d) Na housky navrstvíme žampiony s rajčaty a cibulí.

73.Haloumi Hash Burgers S Kale Aioli

SLOŽENÍ:

- 200g brambor Desiree, oloupaných, nastrouhaných, přebytečná voda vymačkaná
- 250 g halloumi, nastrouhané
- 1 lžíce hladké mouky
- 1 vejce
- 4 velké žampiony portobello
- Extra panenský olivový olej, na pokapání
- 1 šálek (300 g) aioli
- 2 šálky nakrájených listů kapusty, blanšírované, osvěžené
- 4 rohlíky žitného chleba, rozpůlené, lehce opečené
- Listy rukoly a Sriracha nebo rajčatová omáčka k podávání

INSTRUKCE:

a) Předehřejte si troubu na 220°C.

b) V míse smícháme nastrouhané brambory, nastrouhané halloumi, hladkou mouku a vejce. Směs dochutíme pepřem. Na plechu vyloženém pečicím papírem vytvarujte ze směsi čtyři kolečka.

c) Plech umístěte na horní polici trouby a pečte, přičemž v polovině opepřete opečené brambory, asi 30 minut nebo dokud nezezlátnou.

d) Mezitím dejte žampiony portobello na jiný pekáč, pokapejte je olivovým olejem a okořeňte. Pečte je na spodní příčce trouby (pod hnědými bramborami) na posledních 15 minut vaření nebo dokud nejsou propečené.

e) Aioli a nakrájenou kapustu vložte do malého kuchyňského robotu a zpracujte, dokud směs nezezelená a dobře se nespojí.

SESTAVTE BURGERY:

f) Základy žitných rohlíků potřete kapustovým aioli.

g) Navrch na každou rolku dejte halloumi hash brown, rukolové listy, pečenou houbu, Sriracha (nebo rajčatovou omáčkou) a poklici.

h) Vychutnejte si své jedinečné a lahodné Haloumi Hash Burgers s Kale Aioli!

74.Italský sendvič Portobello

SLOŽENÍ:

- 8 velkých hub Portobello, otřených
- 2 lžíce extra panenského olivového oleje
- Kóšer sůl
- 1 lžíce červeného vinného octa
- 1 lžíce jemně nasekané feferonky se semínky
- ½ lžičky sušeného oregana
- Čerstvě mletý černý pepř
- 2 unce nakrájeného provolonu (asi 4 plátky)
- 2 unce na tenké plátky nakrájené šunky s nízkým obsahem sodíku (asi 4 plátky)
- 1 unce na tenké plátky nakrájeného janovského salámu (asi 4 plátky)
- 1 malé rajče, nakrájené na 4 plátky
- ½ šálku nastrouhaného ledového salátu
- 4 olivy plněné pimentem

INSTRUKCE:

a) Umístěte mřížku do horní třetiny trouby a předehřejte grilovací rošt.

b) Odstraňte stonky z hub a vyhoďte.

c) Kloboučky žampionů položte žábrami nahoru a ostrým nožem žábry úplně odstraňte (takže kloboučky budou ležet naplocho).

d) Kloboučky hub rozložte na plech, potřete je 1 lžící oleje a posypte ¼ lžičky soli.

e) Grilujte, dokud čepice nezměknou, v polovině otočte, 4 až 5 minut na každou stranu. Nechte zcela vychladnout.

f) V malé misce prošlehejte ocet, pepperoncini, oregano, zbývající 1 lžíci oleje a několik mletých černých pepřů.

SESTAVTE CHLEBÍČKY

g) Položte jeden klobouk houby řeznou stranou nahoru na pracovní plochu. Přeložte 1 kus provolonu, aby se vešel na čepici, a opakujte s 1 plátkem šunky a salámu.

h) Navrch dejte 1 plátek rajčete a asi 2 lžíce hlávkového salátu. Pokapejte trochou feferoncini vinaigrette. Obložte další houbovou čepicí a zajistěte párátkem provlečeným olivou. Opakujte se zbývajícími přísadami a vytvořte další 3 sendviče.

i) Každý sendvič zabalte do poloviny voskovým papírem (pomůže zachytit veškerou šťávu) a podávejte.

75.Bbq Bunless Veggie Burger

SLOŽENÍ:
PRO BUNLESS BURGER:

- 8 gurmánských hamburgerů
- Avokádový olej na vaření
- 1 avokádo, nakrájené na plátky
- 4 žampiony portobello
- 1 cibule nakrájená na kroužky
- 4 plátky veganského sýra čedar
- Rajčatová omáčka
- majonéza

NA ŘEPU A JABLKO:

- 2 červené řepy, oloupané a nastrouhané
- 2 jablka, nastrouhaná
- 1 hrnek nakrájeného červeného zelí
- 3 lžíce jablečného octa
- 2 lžičky surového organického cukru
- 1 lžíce celozrnné hořčice
- 4 lžíce extra panenského olivového oleje
- ½ šálku čerstvé petrželky, jemně nasekané
- ½ šálku čerstvé petrželky, jemně nasekané
- ½ lžičky čerstvě mletého černého pepře
- Nakrájené okurky na ozdobu

INSTRUKCE:

a) Do mísy dejte červenou řepu, jablko a červené zelí.

b) Přidejte ocet, cukr, hořčici, olivový olej a petržel. Dobře kombinujte. Podle chuti okoříme. Dát stranou.

c) Rozpalte gril. Uvařte vegetariánské gurmánské hamburgery, houby a cibulové kroužky s kapkou avokádového oleje.

d) Smíchejte rajčatovou omáčku a majonézu. Dát stranou.

SESTAVIT

e) Nejprve položte plátek veganského sýra na vegetariánský burger.

f) Rozpusťte veganský sýr tak, že ho dáte pod gril, nebo jej ohřejete v mikrovlnné troubě, dokud se nerozpustí.

g) Potřete trochou rajské majonézy, poté navrstvěte houbu, plátky avokáda, červenou řepu a jablečný řízek.

h) Potřete další rajčatovou majonézou na další vegetariánský burger, poté jej položte na burger a naskládejte omáčku stranou dolů.

i) Navrch burgeru ozdobte plátky uvařené cibule a okurkami.

j) Vložte špejli, aby zůstala neporušená.

76.Chipotle Cheddar Quesadilla

SLOŽENÍ:

- tortilly
- 2 šálky tvarohu
- 2 šálky sýra Cheddar
- 1 paprika
- 1 šálek žampionů Portobello
- 2-3 lžíce koření Chipotle
- Jemná salsa, k namáčení

INSTRUKCE:

a)   Přidejte papriku (nakrájenou na plátky, červenou) a houby (nakrájené na plátky) do velké grilovací pánve na středním ohni.

b)   Vařte asi 10 minut do změknutí. Vyjměte a přeneste do misky (střední). Dát stranou.

c)   V malé misce přidejte koření na chipotle a tvaroh. Dobře promíchejte, aby se zapracovalo.

d)   Tortilly položte na grilovací pánev a tortilly zalijte zeleninovou směsí.

e)   Navrch posypte tvarohovou směsí a poté doplňte sýrem čedar (strouhaným).

f)   Na vrch náplně položte další tortillu.

g)   Vařte zhruba 2 minuty a poté otočte a pokračujte ve vaření ještě jednu minutu.

h)   Postup opakujte se zbývajícími tortillami a náplní.

i)   Ihned podávejte se salsou (jemnou).

77.Bulgur Lentil Veggie Patty

SLOŽENÍ:
- 2 šálky vařené čočky
- 1 šálek uzených hub Portobello,
- 1 šálek pšenice Bulgur
- 2 stroužky pečeného česneku,
- 1 lžíce worcesteru
- 2 lžíce ořechového oleje
- ¼ lžičky estragonu, mletého
- Sůl a pepř na dochucení

INSTRUKCE:
a) Připravte si gril na dřevo nebo dřevěné uhlí a nechte ho dohořet na uhlíky.

b) V míse rozmačkejte čočku do hladka.

c) Přidejte všechny ostatní ingredience a míchejte, dokud se důkladně nespojí.

d) Dejte do lednice alespoň na 2 hodiny. Zformujte do hamburgerů.

e) Burgery potřete olivovým olejem a grilujte 6 minut z každé strany nebo dokud nebudou hotové.

f) Podávejte horké s oblíbeným kořením.

78.Vegetariánské houbové zábaly s pestem

SLOŽENÍ:

- 1 zábal tortilly
- 1 větší žampiony portobello, nebo 1,5 menších
- 1 lžička balzamikového octa
- olivový olej, na vaření
- 1 lžíce majonézy
- 1 lžíce pesta
- 2 stroužky česneku, mleté
- 1 hrst baby špenátu
- 3 cherry rajčata, nakrájená na čtvrtky
- 2 lžíce feta, rozdrobená
- ¼ avokáda, nakrájené na plátky nebo kostky
- 4-6 tenkých plátků červené cibule

INSTRUKCE:

e) Připravte si houby. Pokapejte je balzamikovým octem, přidejte česnek a promíchejte, aby se spojily.

f) Dejte stranou, zatímco budete připravovat zbytek zábalu.

g) Zábal potřete majonézou a pestem.

h) Nyní si uvařte houby. Na pánvi rozehřejte trochu oleje a opékejte z každé strany, dokud nezhnědne a nezredukuje, občas zatlačte stěrkou, aby se uvolnila tekutina.

i) Jakmile budete připraveni, přidejte přímo na horní část zábalu.

j) Tortillu srolujte, na koncích ji uzavřete a rozkrojte napůl. Sloužit.

79.Seitan Burritos

SLOŽENÍ:
- Česnek; na kostičky
- Cibule; nakrájený
- 2 obrovské houby Portobello; nakrájený
- Seitan ve stylu Fajita
- Skořice
- Kmín
- Chilli prášek
- Tortilla
- Veganský sýr Cheddar se sníženým obsahem tuku

INSTRUKCE:
a) Nakrájejte trochu cibule a dejte na pánev, aby se restovala . Přidejte dvě obrovské houby Portobello . Poté přidejte plátky seitanu. Přidejte trochu skořice, kmínu a chilli.

b) Teplo tortilla do měkka na nepřilnavé pánvi, posypeme VELMI malým množstvím sýru čedar se sníženým obsahem tuku, přendáme na talíř a lžící přidáme houby seitanovou směs a složte jako burrito.

80.Vydatné Portobello Burgers

SLOŽENÍ:

- ½ lžíce kokosového oleje
- 1 lžička oregano
- 2 kloboučky hub Portobello
- 1 stroužek česneku
- Sůl
- Černý pepř
- 1 lžíce dijonské hořčice
- ¼ šálku sýru čedar
- 6 uncí hovězího/bizona

INSTRUKCE:

a) Rozehřejte pánev a v misce smíchejte koření a olej.

b) Odstraňte žábry z hub a vložte do marinády, dokud není potřeba.

c) Přidejte hovězí maso, sýr, sůl, hořčici a pepř do jiné mísy a promíchejte, aby se spojily; vytvarovat do placičky.

d) Umístěte marinované čepice na gril a pečte 8 minut, dokud se důkladně nerozpálí. Položte placičku na gril a opékejte z každé strany 5 minut.

e) Vezměte 'buchty' z grilu a obložte hamburgerem a jakoukoli jinou polevou, kterou si vyberete.

f) Sloužit.

81.Portobello Po'Boys

SLOŽENÍ:

- 3 lžíce olivového oleje
- 4 kloboučky hub Portobello, lehce opláchnuté, osušené a nakrájené na 1-palcové kousky
- 1 lžička Cajun koření
- Sůl a čerstvě mletý černý pepř
- $1/4$ šálku veganské majonézy
- 4 křupavé sendvičové rolky, rozpůlené vodorovně
- 4 plátky zralých rajčat
- $1\,1/2$ šálků nastrouhaného římského salátu
- Tabasco omáčka

INSTRUKCE:

a) Ve velké pánvi rozehřejte olej na středním plameni. Přidejte houby a vařte, dokud nezhnědnou a nezměknou, asi 8 minut.
b) Dochuťte cajunským kořením a podle chuti osolte a opepřete. Dát stranou.
c) Na řezné strany každého z válečků potřeme majonézou.
d) Na spodní část každé rolky položte plátek rajčete, na něj nakrájejte nastrouhaný salát. Navrch naaranžujte kousky žampionů, posypte Tabascem podle chuti, poklaďte druhou polovinou rolády a podávejte.

POLÉVKY

82.Portobello houbová polévka

SLOŽENÍ:

- 300 ml jednoduchého krému
- 1 litr mléka
- 200 ml studené vody
- 1 velká cibule, nakrájená na kostičky
- 50 g másla
- Sůl
- 250 g žampionů portobello, nakrájených nadrobno
- 100 g žampionů nakrájených nadrobno
- 50 ml tmavě sladkého vína madeira
- 4 bobkové listy
- 200 ml dvojité smetany
- Černý pepř
- 6 malých bobkových listů, k podávání

INSTRUKCE:

a) Ve velkém hrnci přiveďte pomalu k varu smetanu, mléko a vodu.

b) Mezitím v jiném hrnci pomalu osmahněte cibuli s máslem, 2 bobkovými listy a trochou soli. Jakmile cibule zesklovatí, přidejte houby a vařte na silnějším ohni, dokud se vlhkost nevyvaří. Přidejte víno madeira a zredukujte na lepkavou polevu.

c) Zalijte vroucí smetanovou směsí, dobře promíchejte a znovu přiveďte k varu. Vařte ne déle než 5 minut, odstraňte listy a rozmixujte dohladka.

d) Pokud jste přes noc louhovali dvojitou smetanu s bobkovými listy, odstraňte před šleháním smetany na světlou Chantilly – měla by zhoustnout a nechutně spadnout ze lžičky. Jinak vmícháme nastrouhané bobkové listy.

e) Polévku podávejte se lžící dvojité smetany, trochou pepře a malým bobkovým listem.

83.Kuřecí A Houbová Polévka S Divokou Rýží

SLOŽENÍ:

- 1,5 lb. čerstvé houby Použil jsem bio shiitake a baby portobellos
- 1 lb. kuře vařené a nakrájené
- 8 C. vývar nebo vývar z kuřecích kostí
- 1 C. mrkev nakrájená na kostičky
- 1 C. celer nakrájený na kostičky
- 1 C. bílá cibule nakrájená na kostičky
- 1 C. směs divoké rýže
- 1 C. hustá smetana
- 6 uncí smetanový sýr změkl
- 5 stroužků česneku nasekaného
- 2 polévkové lžíce máslo z trávy
- 2 PL organického kuřecího základu
- 3 kapky esenciálního oleje z černého pepře
- 2 kapky esenciálního oleje z tymiánu
- 2 kapky petrželového esenciálního oleje
- Sůl podle chuti

INSTRUKCE:

a)   Mrkev, celer, česnek a cibuli dejte do hrnce s máslem a přikryjte.

b)   Smažte na mírném ohni do měkka. Přidejte houby a promíchejte, aby se spojily.

c)   Přikryjeme na 5 minut a necháme houby pustit šťávu.

d)   Odkryjeme a necháme tekutinu zredukovat na polovinu. Přidejte kuřecí vývar (nebo vývar), kuřecí základ a rýži. dušení zeleniny ve vývaru

e)   Vyjměte a nechte na mírném ohni 40–50 minut probublávat.

f)   Zatímco se polévka vaří, smíchejte v malé misce změklý smetanový sýr a esenciální oleje. Do tvarohové směsi přidejte pár lžic horké tekutiny z pánve. Míchat.

g)   Odstraňte hrnec z ohně a šlehejte do hrnce směs smetanového sýra a hustou smetanu, dokud se zcela nezačlení a nebudou hladké. Přidejte kuře.

h)   Polévku vraťte ohřát, dokud se nezačne vařit.

i)   Odstraňte z ohně a podávejte.

84.Krémová polévka Portobello

SLOŽENÍ:

- 1/2 libry čerstvých hub shiitake
- 1/2 libry baby portobello žampionů
- 1 střední cibule, nakrájená
- 1 střední mrkev, nakrájená
- 1 lžíce olivového oleje
- 1 polévková lžíce plus 1/2 šálku másla, rozdělená
- 5 šálků vody
- 1 snítka čerstvého tymiánu
- 1-1/4 lžičky soli, rozdělené
- 3/4 lžičky hrubě mletého pepře, rozděleného
- 2 šálky nakrájeného pórku (pouze bílá část)
- 1/4 šálku univerzální mouky
- 1 šálek bílého vína nebo kuřecího vývaru
- 1 lžička mletého čerstvého tymiánu
- 1 hrnek husté smetany ke šlehání
- 1 šálek půl na půl smetany
- 1/2 šálku mleté čerstvé petrželky

INSTRUKCE:

a) Odstraňte stonky hub a nakrájejte je nahrubo. Kloboučky hub nakrájejte na 1/4 palce. plátky. Dát stranou.

b) Nať žampionů, mrkev a cibuli opečte na oleji a 1 lžíci másla ve velkém hrnci na středním plameni, dokud nezměknou. Vmíchejte vodu, 1/4 lžičky pepře, 1/2 lžičky soli a snítku tymiánu. Vařte, snižte plamen a vařte asi 30 minut odkryté. Filtrujte vývar, vyhoďte koření a

c) zelenina. 4-1/2 hrnku vývaru dejte stranou.

d) Na mírném ohni vařte pórek ve zbylém másle v holandské troubě, dokud nezačnou hnědnout, asi 25–30 minut, občas promíchejte. Vmíchejte kloboučky hub; vaříme do změknutí, ještě asi 10 minut.

e) Dále vmíchejte mouku, dokud se dobře nesmíchá; postupně přiléváme víno. Vmíchejte odložený houbový vývar, pepř, zbývající sůl a tymián.

f) Přivést k varu; vaříme a mícháme do zhoustnutí, asi 2 minuty. Poté vmíchejte petržel a smetanu; prohřívat (nevařit).

85.Pečený česnek A houbová polévka Portobello

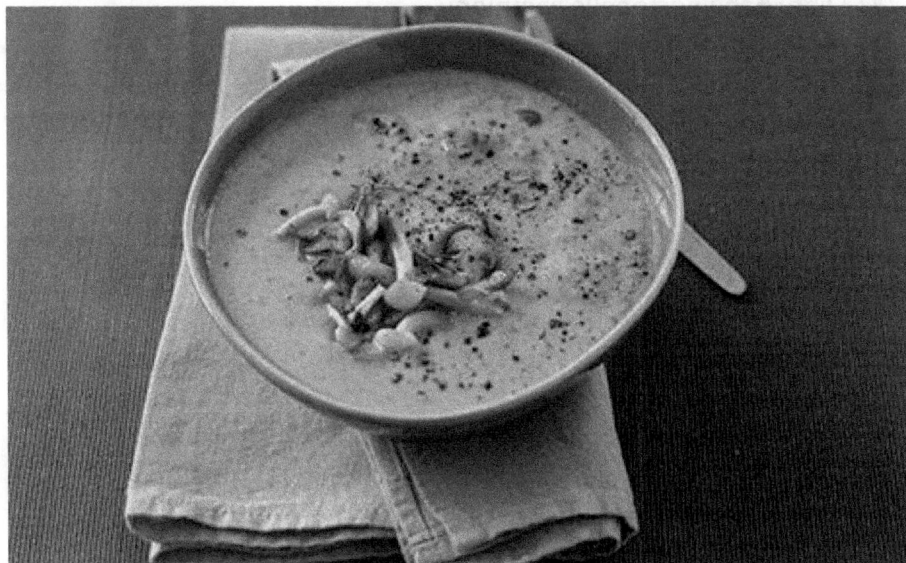

SLOŽENÍ:

- 6 velkých hub portobello, nakrájených na plátky
- 1 hlava česneku, pečená
- 1 cibule, nakrájená
- 4 hrnky zeleninového nebo kuřecího vývaru
- 2 lžíce olivového oleje
- 1 hrnek mléka nebo smetany
- Sůl a pepř na dochucení
- Čerstvá petrželka na ozdobu

INSTRUKCE:

a) Předehřejte troubu na 400 °F (200 °C).

b) Nakrájené žampiony portobello dejte na plech, pokapejte olivovým olejem a opékejte 20 minut.

c) Z hlavy vymačkáme opečené stroužky česneku.

d) V hrnci orestujte cibuli, dokud nebude průhledná. Přidáme orestované houby a česnek.

e) Zalijeme vývarem a přivedeme k varu. Vařte 15-20 minut.

f) K rozmixování polévky použijte ponorný mixér.

g) Vmíchejte mléko nebo smetanu, dochuťte solí a pepřem a vařte dalších 5 minut.

h) Před podáváním ozdobte čerstvou petrželkou.

86.Houbová polévka Portobello s bylinkami

SLOŽENÍ:
- 6 velkých hub portobello, nakrájených
- 1 pórek, nakrájený na plátky
- 2 mrkve, nakrájené na kostičky
- 4 hrnky zeleninového nebo kuřecího vývaru
- 1 lžička sušeného tymiánu
- 1 lžička sušeného rozmarýnu
- 1 bobkový list
- 2 lžíce olivového oleje
- Sůl a pepř na dochucení
- Čerstvá pažitka na ozdobu

INSTRUKCE:
a) V hrnci orestujte na olivovém oleji pórek a mrkev do změknutí.
b) Přidejte nakrájené houby portobello a vařte 5 minut.
c) Zalijte vývarem a přidejte sušený tymián, rozmarýn a bobkový list. Přiveďte k varu a vařte 15-20 minut.
d) Dochuťte solí a pepřem podle chuti.
e) Vyjměte bobkový list a pomocí ponorného mixéru polévku rozmixujte na pyré.
f) Před podáváním ozdobte čerstvou pažitkou.

87.Houbová polévka na kari Portobello

SLOŽENÍ:

- 6 velkých hub portobello, nakrájených na plátky
- 1 cibule, nakrájená
- 2 stroužky česneku, mleté
- 1 lžíce kari
- 4 hrnky zeleninového nebo kuřecího vývaru
- 1 plechovka (14 uncí) kokosového mléka
- 2 lžíce olivového oleje
- Sůl a pepř na dochucení
- Čerstvý koriandr na ozdobu

INSTRUKCE:

a) V hrnci orestujte cibuli a česnek na olivovém oleji dozlatova.

b) Přidejte nakrájené žampiony portobello a kari, vařte 5 minut.

c) Zalijeme vývarem a kokosovým mlékem. Přiveďte k varu a vařte 15-20 minut.

d) Dochuťte solí a pepřem podle chuti.

e) K rozmixování polévky použijte ponorný mixér.

f) Před podáváním ozdobte čerstvým koriandrem.

88.Divoká Rýže A Portobello Houbová Polévka

SLOŽENÍ:

- 6 velkých hub portobello, nakrájených na kostičky
- 1 šálek divoké rýže, vařené
- 1 cibule, nakrájená nadrobno
- 3 mrkve, nakrájené na kostičky
- 4 hrnky zeleninového nebo kuřecího vývaru
- 2 lžíce olivového oleje
- 1 hrnek mléka nebo smetany
- Sůl a pepř na dochucení
- Čerstvá petrželka na ozdobu

INSTRUKCE:

a) V hrnci orestujte cibuli a mrkev na olivovém oleji do změknutí.
b) Přidejte na kostičky nakrájené žampiony portobello a vařte 5 minut.
c) Zalijeme vývarem a přivedeme k varu. Vařte 15-20 minut.
d) Vmícháme uvařenou divokou rýži a mléko nebo smetanu.
e) Dochuťte solí a pepřem podle chuti.
f) Vařte dalších 10 minut.
g) Před podáváním ozdobte čerstvou petrželkou.

89.Snadná Portobell nebo polévka

SLOŽENÍ:

- 6 velkých hub portobello, nakrájených
- 1 cibule, nakrájená nadrobno
- 3 stroužky česneku, nasekané
- 4 hrnky zeleninového nebo kuřecího vývaru
- 1 šálek husté smetany
- 2 lžíce másla
- Sůl a pepř na dochucení
- Čerstvý tymián na ozdobu

INSTRUKCE:

a) Ve velkém hrnci rozpusťte na středním plameni máslo.
b) Přidejte cibuli a česnek, restujte do změknutí.
c) Přidejte nakrájené houby portobello a vařte, dokud nepustí vlhkost.
d) Zalijeme vývarem a přivedeme k varu. Necháme vařit 15-20 minut.
e) Pomocí ponorného mixéru polévku rozmixujte na hladkou kaši.
f) Vmícháme hustou smetanu a dochutíme solí a pepřem.
g) Vařte dalších 5 minut.
h) Před podáváním ozdobte čerstvým tymiánem.

90.Čočková A Portobello Polévka

SLOŽENÍ:

- 6 velkých hub portobello, nakrájených na plátky
- 1 hrnek sušené čočky, propláchnuté a okapané
- 1 cibule, nakrájená
- 3 stroužky česneku, nasekané
- 4 šálky zeleninového vývaru
- 1 plechovka (14 uncí) nakrájených rajčat
- 2 lžíce olivového oleje
- 1 lžička mletého kmínu
- Sůl a pepř na dochucení
- Čerstvý koriandr na ozdobu

INSTRUKCE:

a) V hrnci orestujte cibuli a česnek na olivovém oleji dozlatova.

b) Přidejte nakrájené žampiony portobello a vařte 5 minut.

c) Vmícháme sušenou čočku, zeleninový vývar, nakrájená rajčata a mletý kmín.

d) Přiveďte k varu, poté snižte teplotu a vařte 25–30 minut, nebo dokud čočka nezměkne.

e) Dochuťte solí a pepřem podle chuti.

f) Před podáváním ozdobte čerstvým koriandrem.

91.Polévka Portobello s česnekem a parmazánem

SLOŽENÍ:

- 6 velkých hub portobello, nakrájených
- 1 cibule, nakrájená nadrobno
- 4 stroužky česneku, nasekané
- 4 hrnky zeleninového nebo kuřecího vývaru
- 1 hrnek strouhaného parmazánu
- 1 šálek husté smetany
- 3 lžíce másla
- Sůl a pepř na dochucení
- Čerstvý tymián na ozdobu

INSTRUKCE:

a) V hrnci na středním plameni rozpustíme máslo. Přidejte cibuli a česnek, restujte do změknutí.

b) Přidejte nakrájené houby portobello a vařte, dokud nepustí vlhkost.

c) Zalijeme vývarem a přivedeme k varu. Vařte 15-20 minut.

d) Pomocí ponorného mixéru polévku rozmixujte na hladkou kaši.

e) Vmíchejte parmazán a hustou smetanu.

f) Dochuťte solí a pepřem podle chuti.

g) Vařte dalších 5 minut.

h) Před podáváním ozdobte čerstvým tymiánem.

92.Portobello houbová tortilla polévka

SLOŽENÍ:

- 6 velkých hub portobello, nakrájených na plátky
- 1 cibule, nakrájená
- 2 stroužky česneku, mleté
- 1 plechovka (14 uncí) nakrájených rajčat se zelenými chilli
- 4 hrnky zeleninového nebo kuřecího vývaru
- 1 šálek kukuřičných zrn
- 1 lžička mletého kmínu
- Proužky tortilly na ozdobu
- Plátky avokáda na ozdobu
- Čerstvý koriandr na ozdobu

INSTRUKCE:

a) V hrnci orestujte cibuli a česnek, dokud nebudou průhledné.

b) Přidejte nakrájené žampiony portobello a vařte 5 minut.

c) Vmíchejte na kostičky nakrájená rajčata se zelenými chilli, zeleninovým vývarem, kukuřicí a mletým kmínem.

d) Přiveďte k varu a vařte 15-20 minut.

e) Dochuťte solí a pepřem podle chuti.

f) Polévku podávejte přelitou tortillovými proužky, plátky avokáda a čerstvým koriandrem.

SALÁTY

93.Grilovaný salát s houbami Portobello

SLOŽENÍ:

- 4 velké žampiony portobello, očištěné a odstopkované
- 2 lžíce olivového oleje
- Sůl a černý pepř podle chuti
- 4 šálky míchaného zeleného salátu
- 1 šálek cherry rajčat, napůl
- 1/2 červené cibule, nakrájené na tenké plátky
- 1/4 šálku sýra feta, rozdrobený
- Balsamico vinaigrette dresink

INSTRUKCE:

a) Předehřejte gril nebo grilovací pánev na středně vysokou teplotu.

b) Houby portobello potřeme olivovým olejem a dochutíme solí a pepřem.

c) Houby grilujte 4–5 minut z každé strany, dokud nezměknou.

d) Nakrájejte grilované houby.

e) Ve velké misce smíchejte míchaný salát, cherry rajčata, nakrájenou červenou cibuli a grilované plátky portobello.

f) Salát posypeme rozdrobeným sýrem feta.

g) Pokapejte dresinkem balsamico vinaigrette.

h) Salát jemně promíchejte, aby se všechny ingredience spojily.

i) Ihned podávejte.

94.Salát Portobello a Quinoa

SLOŽENÍ:
- 4 velké žampiony portobello, nakrájené na plátky
- 1 šálek quinoa, vařené
- 1 okurka, nakrájená na kostičky
- 1 paprika (libovolná barva), nakrájená na kostičky
- 1/4 šálku čerstvé petrželky, nasekané
- 1/4 šálku sýra feta, rozdrobený
- Citronovo-bylinkový dresink

INSTRUKCE:
a) Na pánvi orestujte plátky žampionů portobello do měkka.

b) Ve velké míse smíchejte uvařenou quinou, restované žampiony, nakrájenou okurku, nakrájenou papriku a nasekanou petrželku.

c) Salát posypeme rozdrobeným sýrem feta.

d) Zalijeme citronovo-bylinkovým dresinkem.

e) Salát jemně promíchejte, aby se ingredience promíchaly.

f) Podávejte vychlazené.

95.Špenát A Portobello Houbový Salát

SLOŽENÍ:

- 4 velké žampiony portobello, nakrájené na plátky
- 6 šálků baby špenátu
- 4 plátky slaniny, uvařené a rozdrobené
- 1/4 šálku červené cibule, nakrájené na tenké plátky
- 1/4 šálku vlašských ořechů, opražených
- Teplý slaninový dresink

INSTRUKCE:

a) Na pánvi orestujte plátky houby portobello, dokud nepustí vlhkost.

b) Ve velké salátové míse smíchejte baby špenát, restované žampiony, rozdrobenou slaninu, nakrájenou červenou cibuli a opražené vlašské ořechy.

c) Salát pokapejte teplým slaninovým dresinkem.

d) Salát jemně promíchejte, aby se všechny ingredience spojily.

e) Ihned podávejte.

96.Houbový salát Caprese Portobello

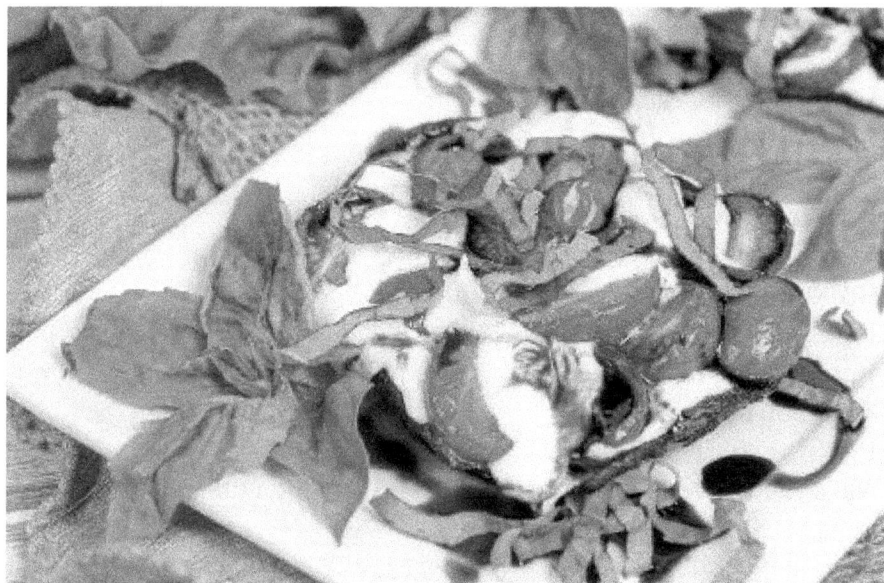

SLOŽENÍ:
- 4 velké žampiony portobello, očištěné a odstopkované
- 1 šálek cherry rajčat, napůl
- 1 kulička čerstvé mozzarelly, nakrájená na plátky
- Listy čerstvé bazalky
- Balzamiková glazura
- Olivový olej
- Sůl a černý pepř podle chuti

INSTRUKCE:
a) Předehřejte troubu na 375 °F (190 °C).

b) Houby portobello dejte na plech, pokapejte olivovým olejem a dochuťte solí a pepřem.

c) Houby restujte 15–20 minut, dokud nezměknou.

d) Na servírovací talíř naaranžujte pečené žampiony portobello, cherry rajčata a plátky čerstvé mozzarelly.

e) Mezi plátky hub a rajčat vložte lístky čerstvé bazalky.

f) Pokapeme balzamikovou polevou.

g) Podávejte při pokojové teplotě.

97.Středomořský salát s houbami Portobello

SLOŽENÍ:

- 4 velké žampiony portobello, nakrájené na plátky
- 1 šálek cherry rajčat, napůl
- 1 okurka, nakrájená na kostičky
- 1/2 červené cibule, nakrájené na tenké plátky
- 1/2 šálku oliv Kalamata, nakrájené na plátky
- 1/2 šálku sýra feta, rozdrobený
- Čerstvé oregano, nakrájené
- Řecký dresink

INSTRUKCE:

a) Na pánvi orestujte plátky žampionů portobello do měkka.

b) Ve velké míse smíchejte cherry rajčata, nakrájenou okurku, nakrájenou červenou cibuli, olivy Kalamata a restované žampiony.

c) Salát posypeme rozdrobeným sýrem feta.

d) Přidejte nakrájené čerstvé oregano.

e) Pokapeme řeckým dresinkem.

f) Salát jemně promíchejte, aby se spojil.

g) Podávejte vychlazené.

98.Asijské Portobello Houbový Nudlový Salát

SLOŽENÍ:

- 4 velké žampiony portobello, nakrájené na plátky
- 8 oz rýžové nudle, vařené a chlazené
- 1 paprika (libovolná barva), julienned
- 1 mrkev, julienned
- 1/2 šálku sněhového hrášku, nakrájeného na plátky
- 1/4 šálku zelené cibule, nakrájené na plátky
- Sezamová semínka na ozdobu
- Sójovo-zázvorový dresink

INSTRUKCE:

a) Na pánvi orestujte plátky houby portobello, dokud nepustí vlhkost.

b) Ve velké míse smíchejte vařené rýžové nudle, papriku nakrájenou na papriku, nakrájenou mrkev, nakrájený sněhový hrášek a restované houby.

c) Přidejte nakrájenou zelenou cibuli.

d) Zalijeme sójovo-zázvorovým dresinkem.

e) Salát jemně promíchejte, aby se promíchal.

f) Ozdobte sezamovými semínky.

g) Podávejte vychlazené.

99.Teplý Portobello A Kozí Sýr Salát

SLOŽENÍ:
- 4 velké žampiony portobello, nakrájené na plátky
- 6 šálků rukoly
- 1/2 šálku cherry rajčat, napůl
- 1/4 šálku piniových oříšků, pražených
- 4 oz kozí sýr, rozdrobený
- Balzamiková redukce
- Olivový olej
- Sůl a černý pepř podle chuti

INSTRUKCE:
a) Na pánvi orestujte plátky žampionů portobello do měkka.

b) Ve velké salátové míse smíchejte rukolu, cherry rajčata, opečené piniové oříšky a restované žampiony.

c) Na salát rozdrobíme kozí sýr.

d) Pokapeme balzamikovou redukcí a olivovým olejem.

e) Dochuťte solí a pepřem.

f) Salát jemně promíchejte, aby se spojil.

g) Ihned podávejte.

100.Jihozápadní Quinoa A Portobello Salát

SLOŽENÍ:

- 4 velké žampiony portobello, nakrájené na kostičky
- 1 šálek vařené quinoa, vychladlé
- 1 plechovka (15 uncí) černých fazolí, opláchnutá a okapaná
- 1 šálek kukuřičných zrn, čerstvých nebo zmrazených
- 1 červená paprika, nakrájená na kostičky
- 1/4 šálku koriandru, nasekaného
- Limetkový vinaigrett
- Plátky avokáda na ozdobu

INSTRUKCE:

a) Na pánvi orestujte na kostičky nakrájené žampiony portobello, dokud nepustí vlhkost.

b) Ve velké misce smíchejte uvařenou quinou, černé fazole, kukuřici, nakrájenou červenou papriku a restované houby.

c) Přidejte nasekaný koriandr.

d) Pokapeme limetkovým vinaigrettem.

e) Salát jemně promíchejte, aby se promíchal.

f) Ozdobte plátky avokáda.

g) Podávejte vychlazené.

ZÁVĚR

Doufáme, že na konci našeho gurmánského dobrodružství prostřednictvím „Z Lásky K Houbě Portobello" jste zažili radost z povznesení svých kulinářských výtvorů králem hub. Každý recept na těchto stránkách je oslavou robustního umami, masité textury a všestrannosti, kterou vám houby Portobello přinesou na stůl – důkaz gurmánských možností, které se skrývají v této královské rodině hub.

Ať už jste si vychutnali jednoduchost grilovaných steaků z Portobello, přijali kreativitu plněných čepic nebo prozkoumali hlubiny pokrmů inspirovaných houbami, věříme, že tyto recepty podnítily vaši vášeň pro gurmánské houbové vaření. Kéž se koncept vaření z lásky k houbě Portobello kromě přísad a technik stane zdrojem inspirace, kreativity a lahodné cesty do světa houbových požitků.

Zatímco budete pokračovat ve zkoumání kulinářského potenciálu krále hub, může být „Z Lásky K Houbě Portobello" vaším důvěryhodným společníkem, který vás provede řadou gurmánských možností, které předvedou bohatost a všestrannost Portobello. Zde si můžete vychutnat zemité a masité dobroty, vytvářet kulinářské mistrovské kousky a oslavovat lásku ke králi hub. Dobrou chuť!